中华先锋人物
故事汇

于 敏

设计中国氢弹的人

YU MIN
SHEJI ZHONGGUO QINGDAN DE REN

王丽丽 著

党建读物出版社　接力出版社

图书在版编目（CIP）数据

于敏：设计中国氢弹的人／王丽丽著. —南宁：接力出版社；北京：党建读物出版社，2024.4
（中华人物故事汇. 中华先锋人物故事汇）
ISBN 978-7-5448-8516-4

Ⅰ.①于… Ⅱ.①王… Ⅲ.①传记小说－中国－当代 Ⅳ.①I247.5

中国国家版本馆CIP数据核字(2024)第056692号

于敏——设计中国氢弹的人

王丽丽　著

责任编辑：楚亚男　李文雅
责任校对：刘会乔　杨少坤
装帧设计：严　冬　　美术编辑：严　冬
出版发行：党建读物出版社　接力出版社
地　　址：北京市西城区西长安街80号东楼（邮编：100815）
　　　　　广西南宁市园湖南路9号（邮编：530022）
网　　址：http://www.djcb71.com　　http://www.jielibj.com
电　　话：010-65547970/7621
经　　销：新华书店
印　　刷：北京科信印刷有限公司
2024年4月第1版　2024年4月第1次印刷
787毫米×1092毫米　32开本　4.75印张　69千字
印数：00 001—10 000册　定价：25.00元

版权所有　侵权必究

质量服务承诺：如发现缺页、错页、倒装等印装质量问题，可直接联系本社调换。
服务电话：010-65545440

目 录

写给小读者的话 · · · · · · · · · · · · · · · 1

永别了，表叔 · · · · · · · · · · · · · · · · · 1

一门课将将及格 · · · · · · · · · · · · · · · 7

老师建议转学 · · · · · · · · · · · · · · · · 13

一颗冉冉升起的新星 · · · · · · · · · · · 19

多年未见的好学生 · · · · · · · · · · · · · 25

险些丧命 · 31

理论组年轻的组员 · · · · · · · · · · · · · 35

一身"武功" · · · · · · · · · · · · · · · · · 41

接受氢弹理论预研任务 · · · · · · · · · 47

国外数据是错的 · · · · · · · · · · · · · · 53

加急电报 · 57

突破氢弹的攻坚战 · · · · · · · · · · · · 61

"百日会战" · · · · · · · · · · · · · · · · · · 69

"我们选了另一条山路" · · · · · · · · 77

主攻方向 · 85

爆炸全威力氢弹 · · · · · · · · · · · · · · 91

全家搬到四川 · · · · · · · · · · · · · · · · 97

与死神擦肩而过 · · · · · · · · · · · · · 103

大科学家"修"计算机 · · · · · · · · 109

"万能"的于敏 · · · · · · · · · · · · · · 115

教儿子画电路图 · · · · · · · · · · · · · 121

给中央的建议书 · · · · · · · · · · · · · 129

为中国铸造核盾牌 · · · · · · · · · · · 135

写给小读者的话

千古奇观,展演在中国大西北。

一九六四年十月十六日下午三时许,我国第一颗原子弹爆炸成功!中国的天空,第一次升腾起壮丽的蘑菇云。

这一天,中国人铭刻在心;这件大事,让中国人扬眉吐气,举国欢腾。

"原子弹要有,氢弹也要快。"原子弹爆炸成功后,毛泽东主席要求第二机械工业部(以下简称"二机部")集中力量搞好氢弹理论研究,加快氢弹研制速度。

氢弹属于二代核武器,威力比原子弹更大。同时,氢弹是公认的在原理和结构上都十分复杂的系统。美国、苏联、英国等核大国对氢弹技术严格保密。氢弹的原理是什么？当时中国没有一个人知道。

国家选择于敏，去做这个寻找真相的工作。

于敏和他的团队接到任务后，夜以继日地忘我工作，终于克服了重重困难，在氢弹原理突破中，解决了一系列问题，发现了热核材料充分燃烧的关键，形成了从原理到构型基本完整的氢弹物理设计方案。

一九六七年六月十七日，我国第一颗氢弹爆炸成功。

从突破原子弹到突破氢弹，美国用了七年多，英国用了四年七个月，法国用了八年六个月，而我国只用了两年八个月，是速度最快的。

中国为什么能后来居上？首先，社会主义具有集中力量办大事的优越性。在党的统一领导下，全国精兵强将和优势力量集中攻关、大力协同。其次，拥有一批学术水平顶尖，又能团结各方力量、奋战攻关的学术带头人是关键。

于敏就是学术带头人之一。

在中国，氢弹的原理，是由他提出的；氢弹的秘密，也是由他揭开的——在氢弹原理的突破中，他提出了从原理到构型基本完整的氢弹物理设计方案。因此，有人称他为"中国氢弹之父"。

身份解密后，他的很多故事逐渐进入公众视野——

他没有留过洋，在研究原子核理论的巅峰时期，毅然服从国家需要，从事氢弹理论探索，成为世界一流的核物理学家，也被外国人称为中国的"国产土专家一号"。他有渊博的知识，在复杂纷乱的物理现象中总能一语道破其本质，给出清晰的物理图像。他讲课或做报告时，很少看讲稿，经常不假思索地写出一黑板需要引用的公式。有时计算一个数据，拉动计算尺的同事竟还不如于敏心算来得快。

他这一身"武功"，是怎样修炼出来的？他是天才吗？让我们一起走进他的世界。

永别了，表叔

一叶知秋。院子里白杨树、银杏树、枫树的叶子纷纷扬扬，随清清凉凉的秋风，漫天飞舞，又散落而下。黄色与红色的叶子在空中相遇，多么美好和浪漫！

可这份祥和与宁静，却被一阵急促的枪声打破了。

"弟弟，快躲！"姐姐帼秀一边喊，一边把比她小三岁的于敏拉到炕沿底下，两个小小的人儿迅速蜷缩起来。

"弟弟，闭上眼睛，子弹就打不过来了。"听到姐姐低声的安慰，于敏照做，但是小小的他和姐姐一样，眼皮子止不住地哆嗦。

他们只能在心里祈祷：土炕啊土炕，请保护我们，你一定要把乱飞的子弹挡住啊！

于敏和与他同龄的孩子一样，童年是在军阀混战、日寇侵略的苦难中度过的。枪声、死亡、恐惧和躲藏，让他们小小的心灵饱受伤害，也让他们在苦难当中更早地成熟起来。

于敏有一个姐姐，其实还有一个弟弟和一个妹妹，可惜弟弟妹妹都夭折了。

于敏原名于慜，字敏之，寓意是聪明敏捷。后来，他觉得"慜"字太生僻，干脆改为"敏"字。

于敏出生于河北省宁河县芦台镇（今属天津市），他在那里读完小学后，前往天津，和家人团聚。

爸爸在天津市财政局任职，职务不高，再加上要养活一大家子人，经济上总是捉襟见肘。

于家是个大家族，有不少亲戚住在天津。当时正是抗日战争时期，天津被日本占领了。待外面的局势稍微平稳，妈妈和姐姐常领着于敏到三姑奶奶家串门。

三姑奶奶会做好吃的津门小吃，煎饼馃子、大麻花、狗不理包子、油炸糕……样样都是于敏心头所爱。

在三姑奶奶家，于敏不仅吃得开心，还能见到像"开心果"一样的表叔，这让于敏对那里十分向往。

这天，于敏又跟着妈妈和姐姐来到了三姑奶奶家。

大快朵颐之后，于敏发现表叔还没有回来，心里有些失落。

是什么声响？于敏一抬头，门口出现一个熟悉的身影。

从门口到于敏坐的地方，不过七八米远。于敏一眼就认出了表叔，可表叔却眯着眼睛。

表叔就像在演戏一样，挨个走到屋里每个人的面前，特意凑得很近去看，然后才唤出这个人的称呼。

性格有些内向的于敏笑出声来。

姐姐帼秀起身，想去拉表叔坐过来，却被于敏按住了。于敏觉得好玩，他想让表叔继续"演"下去。

"哦,你是小敏,怎么笑得这么开心?"表叔终于发现了他。

看着表叔一本正经的样子,于敏捂着肚子笑,上气不接下气。

表叔也笑了,他笑得很腼腆。他明白,可能是因为自己高度近视,又不爱戴眼镜,这一番滑稽的动作和表现惹得大家发笑了。他有些不好意思地红了脸,拉上于敏的手,带他们去院子里玩。

在战乱频仍、天灾不断、民不聊生的日子里,这一点点甜,让所有人都乐在其中,开怀大笑,尽情享受难得的欢乐和放松。

可就连这一点点快乐,也要被夺去。

又一个周末,于敏再去三姑奶奶家,刚进院,就听到呜咽和哭泣声从虚掩的房门里传出。他皱起了眉头。

推开门,看到亲人哭作一团,却不见表叔,于敏大声叫:"表叔!表叔!你在哪里?"听到于敏的声音,母亲哭得说不出话来,这时叔叔们告诉他:表叔偷偷参加了抗日游击队,被俘后遭日寇杀害了。

于敏难过得大哭起来,他更痛恨日本鬼子了。此时,他多么希望自己就是小说里的英雄人物,能挺身而出、奋勇杀敌。

一门课将将及格

于敏的初中是在天津木斋中学读的。初二期末考试成绩出来了，除了一门课，于敏的各科成绩都是全班第一。

这门课很多同学都考得很糟糕，于敏也是将将及格，但老师并没有批评他们，仿佛大家都心照不宣。

这是什么课呢？怎么还有这样的课？

日语课。

日本侵略者在天津地区实行殖民统治，于敏从小学六年级开始被强制学日语。于敏并不是学不会，而是压根儿就不想学。他很小就耳闻目睹日寇惨无人道的暴行，对日本侵略者恨之入骨，对日语也本能地产生反感。

老师在台上讲日语，让学生们跟着读。很多学生都是嘟囔着，做做样子。

于敏噘着嘴，连做做样子都不愿意。

啪啪啪——那个监督上课的"小胡子"日本人拿着戒尺猛敲于敏的桌子，把于敏吓了一跳。他想起爸爸教他的道理：息事宁人，保存实力，不要正面冲突。他在心里默念：有朝一日，等我们胜利了，我们一定会站起来的，把你们的这些破课本全部撕掉。

他装出了朗读的样子，跟着老师读。

那个"小胡子"日本人哼哼了几声，从于敏桌前走开。于敏松了口气，知道自己安全了。

下课了，"小胡子"离开于敏这个班，又去其他班监督上课。

一上日语课，"小胡子"不仅让老师们教日文，还要教日本的各种习俗和文化，孩子们难受极了。

"太好啦，今天'小胡子'没来，日语课不用上啦！"这几乎是同学们每天最盼望的通知了，只要班长一宣布，大家就飞奔到操场上。

日本人虽然知道中国老师和孩子都在应付，但到了期末，还是会出一套试卷，组织考试。

"小胡子"一个人无法兼顾那么多班级的监考任务，老师们又摘掉了近视眼镜，孩子们便随心所欲地应付。

期末考试后，就开始放暑假了。于敏骑着自行车出门，心情不错。

于敏骑到海河边，突然，他听到身后有汽车的声音，他连忙回头，发现是日本兵开着一辆车朝自己冲了过来。明明看到了小孩子，可这辆军车不仅没有减速，反而径直撞了过来。

于敏赶紧把车骑到了一边，那辆疯狂行驶的汽车就擦着于敏的身体呼啸而去。对日本兵来说，仿佛什么都没有发生。

于敏定了定神，用手擦了擦额头上的汗水，却发现额头上的汗水更多了，原来他的手心里也全是汗。不过，总算是躲过一劫。

愤怒的他义愤填膺地自语："日本人是从不把中国人当人看的，我差点就被压扁了。"

"大丈夫处世，不能立功建业，不几与草木同

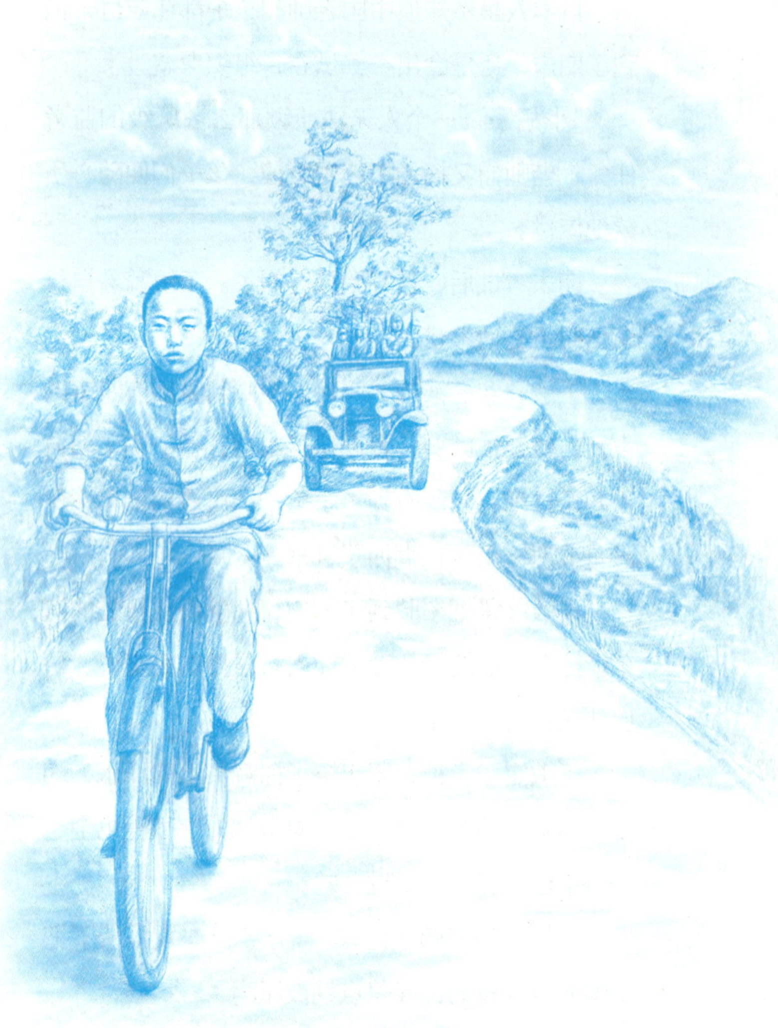

腐乎！"

"大丈夫生于乱世，当带三尺剑立不世之功。"

"大丈夫愿临阵斗死，岂可入墙而望活乎！"

于敏把自行车停在一边，背起了《三国演义》中的经典名句。胸中的爱国之情，在那个暑气连天的夏日里沸腾。

课余时间，于敏重读了《三国演义》，还读了《水浒传》《杨家将》《说岳全传》等书。英雄人物的豪言壮语，或慷慨，或激昂，或悲壮，于敏熟记于心。

他常常挥舞着拳头，饱含感情地诵读。历代英雄志士奔赴沙场救国救民的果敢与豪迈，为于敏的内心注入了勇气和力量，支撑着他熬过充满屈辱的少年时代。

"敏儿，生逢乱世，你年龄尚小，还不能像古代的英雄那样驰骋疆场。但是，你思维缜密，尤其擅长理科，唯有好好读书，盼长大之时，为复兴中华尽你之力。"爸爸语重心长地安抚于敏。

"爸爸，我相信，总会有一些盖世英雄站出来，消灭日寇，复兴中华。"于敏的眼中充满着希冀之光。"我会努力读书,积蓄力量的。"他对爸爸说。

爸爸望着于敏,用温暖的手轻轻地抚摸着他的头。他知道儿子对国家的前途满是忧虑。他相信胸怀大志、心思缜密的儿子将来会有一番作为。

老师建议转学

"有一位同学,他这次的基本知识统考,竟然得了全校第一,创造了咱们班的历史!"老师话音一落,全班同学都齐刷刷地瞪大了眼睛,发出"哇——"的赞叹声。老师故意卖了个关子,神秘兮兮地继续说道:"这位同学究竟是谁呢?"

大家你看看我,我看看你,都觉得不像。

老师又继续说:"这位同学平时学习成绩很好,沉沉稳稳,与同学们友好相处,乐于助人,但是我们都没有发现,他还是一个文理兼修、博览群书的人,少年堪当大任也!"

听老师说到这里,于敏感觉好像在说自己,因为他平时就喜欢看各类书,无论文理。他害羞地红了脸，低下了头。

老师叫到了他的名字："于敏，你知道这位同学是谁吗？"

于敏红着脸站了起来。同学们这才恍然大悟："对呀，各项信息一对照，就是于敏无疑了！"

老师接着对全班同学说："我们天津木斋中学，除了要求学生熟练掌握课本知识，还希望同学们有渊博的课外知识，所以会进行基本知识测试。在这个测试中能取得好成绩，说明既掌握了课本知识，又自主进行了课外阅读，有很强的学习能力，是非常优秀的学生，值得我们学习。"

课后，这位非常爱惜人才的刘行宜老师，找到了于敏，她甚为爱怜地说："你出类拔萃，咱们木斋中学的条件一般，我担心会束缚你的发展，我建议你转学到天津耀华中学去读高中三年级，我可以推荐你，为你担保。"

于敏认真地聆听老师的建议，并真诚地感激老师为他着想。离开老师的办公室后，心思缜密的他想了很多。

听到"耀华"，他自然十分激动。因为他知道在天津的所有中学里，南开中学是首屈一指的，但南开中学已经随南开大学南迁，目前耀华中学就是天津最好的中学了。这所中学师资强、名师多、校园环境优美，不仅有大大的礼堂、宽敞的校舍，还有最为吸引他的大型图书馆。这些条件，其他学校都无法与之比肩。但家里经济困难，他也是心知肚明。眼下全家仅靠父亲一个人的薪金生活，已是举步维艰。耀华是富家子弟学校，若和父母提出来去那里读书，相当于又给家里添了负担。

于敏犹豫了，那天晚上，他并没有和爸爸妈妈说这件事。

第二天，话到嘴边，又咽了回去。

第三天，吃完晚饭，帮妈妈洗碗时，他想和妈妈说一下老师的建议。他已经想好了，一定要先告诉妈妈："这只是老师的建议，家里的情况如果不允许，我就不去。"

妈妈总是最了解孩子的那个人，她看出于敏这几天有心事，就把厨房的门虚掩上，轻声问："敏儿，有心事吗？"

于敏一听，愣住了。妈妈从灶台边上拉过来一个小板凳,说:"敏儿,坐下来,和妈妈说说,你有什么心事?"

于敏就把在心里想了好几天的话,跟妈妈吞吞吐吐地说了。妈妈很明白他为什么这样为难,他是担忧家里无力承担上那所学校的费用。

妈妈认真地听着,思考了片刻,说:"敏儿,高中仅剩一年,耀华也承诺减免你的学费,这是难得的好机会,咱们求之不得。家里尚能应付你的生活费,你就安心地去那里读书吧!"

于敏一听,激动极了,他对妈妈说:"电车我不坐,往返我走路。食堂很贵,我就不去食堂吃饭,我自己从家里带窝头,带水,带干粮!"

妈妈没有说话,拍了拍他的肩膀。她太心疼自己的孩子了,正在长身体的时候,每天吃不到有营养的饭菜,还要步行两个多小时!

老师建议转学

一颗冉冉升起的新星

冬日的早晨，清冷的空气，刺骨的寒风，就像冰箱开启了速冻模式。

"敏儿，路上小心，如果饿了，书包里有窝头和水。"天蒙蒙亮，妈妈又一次把于敏送出家门。

一路上，电车叮叮当当地从身边驶过，里面坐着穿着耀华校服的学生，于敏并不羡慕，走着也不觉得累。

高中三年级转学到耀华中学，于敏才发现，这里和木斋中学大不相同。学生们起点普遍很高，老师们讲的都是难题，简单题目不考，用同学们的话说，每天都准备绞尽脑汁解答难题。

数学老师赵伯炎行云流水般地把难题抄写了一

黑板，有些坐在后排的同学忍不住嘟囔。而于敏则很有耐心地把题目抄在答题纸上，思路随之涌出，他干脆利索地开始答题。答完所有题目后，他把笔放入笔盒，喝了一口水，准备检查一遍。

这时，赵伯炎老师像发现了"新大陆"：这位新同学竟然在一片奋笔疾书的氛围中悠闲地喝了口水！他心想，这只有两种可能：要么全会，要么全不会。他希望是前者，于是迫不及待地穿过狭窄的走道，来到于敏的桌前。赵伯炎老师一道道题检查，很快发现，于敏的回答简洁明了，正确率达到百分之百。

语文老师王守惠的课，于敏也特别爱上。王老师教古文和古诗词，从不照本宣科，而是把每一篇课文都放在一个大背景下讲解，将写作的背景、诗文的含义，以及作者的经历等都讲得非常透彻。

"大家知道东坡肉吗？"王老师问道。

这可是多数人吃不饱肚子、天天都在挨饿的年代呀，"东坡肉"三个字，瞬间把教室里的气氛点燃了。

"我们今天讲的是东坡肉的创始人、大文豪苏东坡。"听到王老师这么讲，同学们会心一笑。

"'千里江山凭栏处,一轮明月寄相思。'每年中秋,东坡先生都会如约而至,也可能他从未走远。这一轮明月,映照着他的过往,有抱负,有不甘,很通透,很超然。命运对他三番五次地投以冷眼,但他依然是那个豁达、率真、好交友、爱美食的性情中人。他宠辱不惊、灵心慧眼,他胸有万卷、笔无点尘……"王老师讲课,于敏听得津津有味,宛如进入一个新的境地。

于敏听完苏东坡的故事,吸收了文学上的营养,却没吃上东坡肉。午饭时间到了,同学们拥向食堂,而于敏却没有动。

等同学们都走出了教室,他才不紧不慢地拿出水杯,一看快见底了,就走出教室,去水房里打满了水。回到教室,他从书包里拿出来一个馒头,刚准备咬下去,一位同学拍了拍他的肩,吓了他一跳。

"于敏,今天大师傅高兴,饭菜给我盛多了,我就带了回来,咱们一人一半。"原来是于敏的同桌。

于敏笑了笑,说:"不用了,我没那么饿。"

同桌不由分说,就给自己盘子里的菜画了一道线:"这边给你,这边给我。你别担心,我保证之前没动过筷子。"

于敏深知这是同学的善意,他也不忍拒绝,就和同学共享了一顿有肉有菜的丰盛午餐。

高三毕业前夕,同学们时常坐在校园的草地上谈天说地、畅想未来。

就在这个时候,于敏的父亲生了重病,最终失去了工作,离开天津回芦台老家去养病。于敏一家人没有了经济来源,生活没了着落。

于敏看到妈妈愁云密布的脸,很是心疼。妈妈用失落又无助的眼神告诉他:对不起,家里真的没有能力支撑你上大学了。

这是于敏万万没有想到的。十余载寒窗苦读的付出,都成了一场空吗?当科学家的梦,就这样破灭了吗?

一天放学后,于敏和好朋友陈克潜一起走在回家的路上。

见于敏心情低落,陈克潜问道:"最近怎么了?"他想开导一下他的好朋友。

于敏闷闷不乐地简单说了说家里的事。

这一说，陈克潜才惊呼："你家里出了这么大的事，你怎么不告诉我呢？"

于敏笑了笑，没有说什么。他知道，就算说了，同学们大概也帮不了他。

没想到，陈克潜真是一个机灵鬼。他左思右想，竟然想到去做父亲的工作。陈克潜的父亲是启新洋灰公司的协理，很爱才，听完于敏的心事后，将于敏推荐给启新洋灰公司，由公司资助他读大学。

得知这个消息，于敏高兴极了。他对陈老伯说："我一定努力读书，学成后报效国家。"

在陈克潜父亲的帮助下，于敏拿到了来自启新洋灰公司的助学金，进入北京大学工学院电机系学习。这一年，他十八岁。

多年未见的好学生

到北京大学工学院学习,于敏本以为会如鱼得水,然而却事与愿违。

当他在课堂上向数学老师提问时,老师不愿意花精力提供推导过程,还告诉他不必这样刨根问底。

"这是工学院,你们吸收知识,会应用就行了。"老师解释道。

但于敏觉得这样学习很不"解渴"。这里的基础课,比如普通物理、数学等讲授得都很简单,数学仅限于微积分。论严密性,竟还不如在耀华中学时。

刚刚燃起的希望,好像被一盆冷水浇灭了。

于敏慢慢地悟到了，工学院强调应用和动手操作，老师们按照惯例去教也没有错。

于敏努力去适应，可是他笨笨的双手总是"力不从心"。看着同学们灵巧的手，轻松流畅的动作，准确到位的完成度，于敏感觉自己好像"不是这块料"。在这样的试错过程中，他逐渐意识到自己是一个心灵但手不巧的人。他喜欢刨根问底，追本溯源，如果得不到一个可靠的论证过程，那简直是折磨。工科，他既不适应，也不喜欢。可能自己就是学理科的料。

可是改学理科，谈何容易？谁来资助？如果不再学习工科，无论如何也无法再向启新洋灰公司开口申请资助了，那岂不是就会失学？于敏很苦恼，但他知道此时苦恼没用，只能先搁置这一想法。

后来，于敏想出了权宜之计：继续学工，反正工科的功课不重，不用花费太多力气，业余时间再自学一些理科的功课。

从一九四四年到一九四六年，于敏在北大工学院读书的两年，读书和学习几乎成了他仅有的嗜好。夏天的傍晚，同学们在树荫下乘凉，而他坐在一旁手不释卷。冬夜，同学们围坐在寝室里聊天，而他又披上棉大衣看书，如痴如醉。同学们还送了他一个雅号：老夫子。

机会，总是留给那些心怀希望又有所准备的人。

抗日战争胜利后，学校开始给大学生发放助学金，每个人每月可以领一袋四十斤的白面，而且学费全免。

于敏把白面换成玉米面，吃玉米窝头和玉米糊糊，省下来的钱当作零花钱。当他基本上可以维持生活之后，就正式谢绝了启新洋灰公司的资助，向学校申请转到理学院去读物理。

从工学院来到理学院，于敏有了一种"海阔凭鱼跃，天高任鸟飞"的感觉，他下决心一定要利用好这里的优越条件，发奋攻读，学出点名堂。

在理学院，于敏最喜欢"理论物理"这类认识世界的基础理论，决心今后从事基础理论研究。

北大图书馆藏书十分丰富，但是阅览室不够宽敞，桌椅数量也有限。因此，开馆之前大家就开始在馆门口排队，图书馆大门一开，大家就冲进去用水壶、书、笔盒，甚至是饭盒来抢占座位，这几乎成了北大的一道风景线。

"你们看，于敏又排在前面了。"理学院的同学发现，强中更有强中手，新转来的于敏每天都排在占座的队伍里，而且位置特别靠前，"他一定不到六点就起床了。"

图书馆有神奇的魔力，它让于敏忘却尘世的喧嚣和烦恼，沉浸在浩瀚的书海，自由地吸收新知。

除了认真学习必修课外，于敏还选修和旁听了一些课，让自己的知识体系更加丰富。数学系的近世代数课是出了名的"难啃的骨头"，授课教授张禾瑞先生对学生的要求又出了名地严格，同学们对这门课纷纷"敬而远之"，可于敏第一时间就报名选修了这门课。

期末考试时间到了，所有选修近世代数课程的学生都要解答由张禾瑞先生出题的"魔鬼试卷"。这简直是一场苦战，结果十分"惨烈"！即使数学系学习最好的同学也只考了六十分，不及格的比比皆是，同学们简直是哀号一片。然而同学们惊奇地发现，于敏竟然考了一百分！这简直是一个不可思议的奇迹！

"一二三四〇一三，又是他！"

"他是谁啊？"

"上一次也是他，我记得这个学号。"

当时的北大，公布成绩时不公布姓名，只公布学号。教务老师刚刚将成绩榜单张贴在图书馆院内的墙上，同学们就围了上来，看到那个有些熟悉的学号，大家站在成绩榜前交头接耳，分析"一二三四〇一三"到底是谁。

其实也不难猜。一代表理学院，二代表物理系，三四代表年级，〇一三代表个人号码。

"是我们班的于敏！"有同学揭开谜底。

一位正好路过的物理系老师感慨地说："于敏是北大多年未见的好学生啊！"

是啊，"一二三四〇一三"这个学号，总是骄傲地出现在成绩榜榜首。

于敏一向性格内向、沉默寡言，在同学们的多次盛情邀请下，他为大家做了一场读书分享会。

在分享会上，于敏这样总结自己读书的秘诀："我的乐趣是在书海中寻找和印证课本上与老师在课堂上讲过的东西，汲取与之相关的一切知识，把一本本必修课的课本从薄读到厚，然后通过自己的思考和演绎推理，再将厚书读薄，在这个过程中，总会有新的发现。"分享会后，于敏在理学院更加出名了。

　　一九四九年七月，"一二三四〇一三"同学以物理系第一名的成绩本科毕业。毕业前，他考取张宗燧先生的研究生并兼任物理系助教，专业方向是量子场论。

险些丧命

"于敏,你的脸怎么这么红?"在图书馆,坐在于敏身边的同学被他那通红的脸色吓住了。

"不会发烧了吧?"同学问于敏。

"好像是,没什么事。"于敏一副不在意的样子。

"不行不行,太热了,咱们去校医院。"同学摸了他的额头后,执意带他到了校医院。医生一检查,确诊是伤寒,同学们就将于敏送到了传染病医院住院治疗。

没想到,医生误诊于敏是便秘导致发热,于是安排护士为他洗肠。

"啊,啊,啊!"从来没喊过痛的于敏,这时痛得嗷嗷大叫，随后昏了过去。

情况危急，科室主任赶到病房，才制止了洗肠治疗。这次误诊，让已经被伤寒细菌蛀薄的肠子，直接伤成了肠穿孔，差点要了于敏的命。

看到于敏昏迷，同学们非常焦急。他们马上联系班主任，班主任马不停蹄地找到北大教务长、物理系代主任郑华炽先生。郑先生平日非常器重于敏，对这个北大多年未见的好学生寄予厚望。得知于敏昏迷的消息后，他心急如焚，亲自出面联系，让于敏到北大医学院附属医院治疗。

救护车很快到了。

医生已经在医院里等于敏了，经诊断，确诊于敏因为肠穿孔，并发严重的腹膜炎，必须立即手术。

手术非常成功。几个小时后，于敏苏醒了，虚弱的他轻轻地说道："谢谢！谢谢！"

医生在查房时告诉于敏："这次你病得很重，要继续住院治疗，打点滴，注射青霉素，才能彻底治愈。"

于敏愣了愣，他心里想到的是被耽误的学习

进度，还有根本无力承担的医药费。于是，他郑重地感谢了医生后，又诚恳地说："医生，我年轻，身体基础好，我会努力恢复，过一个星期我想出院。"

于敏怕医生拒绝，又补充道："我就住在学校宿舍，宿舍条件很好，还有食堂可以吃饭，如果需要输液，我每天到校医院去输液。医院我就不多住了。"

医生面露难色地说："我知道你希望返校，但你这次伤得很重，暂时是不能同意你出院的。"

同学们明白于敏的顾虑，他们太了解于敏了。他平日多么节俭啊，连肉和菜都不舍得吃，常常吃馒头、喝稀饭，还不是因为家里困难嘛！

于敏输完液，同学们给他盖好被子，安慰他说："多睡觉，养好精神，病就好得快了。"

几个同学回到学校后，和班里其他同学商量于敏医药费的事。大家准备了一个募捐箱，到食堂、图书馆、运动场为于敏筹款治病，同时向郑华炽先生汇报，看看系里有没有补贴政策，以及医院能不能减免一些费用。

住院期间，于敏病情危急，需要输血，物理系二三十名同学得知消息后很快赶到医院，排队验血型，准备为于敏献血。于敏的血型是B型，赵凯华、孙亲仁两位同学的血型符合，他们为于敏献了血。

躺在医院里的于敏，听说大家为他连日奔波，心里充满了感动和感激。

"中华人民共和国中央人民政府今天成立了！"于敏是在医院的广播里听到毛泽东主席在天安门城楼庄严宣告新中国成立的喜讯的。他心里激动极了，下定决心：病好以后，一定竭尽全力献身中国的科学事业，实现科学报国的愿望。

经过半年时间的住院治疗，于敏的病总算好了，这才让老师和同学们放下了心里的石头。

理论组年轻的组员

住院时，于敏度日如年。得知可以出院了，于敏用极短的时间打包了自己的衣物，又把床铺收拾好，飞奔回学校。他来到导师张宗燧先生的办公室，求教学习上的事情。

于敏住院前，刚刚考取了张宗燧先生的研究生。张宗燧曾经也是少年天才，十五岁考入燕京大学物理系，次年转入清华大学，十九岁从清华大学物理系毕业，二十三岁获英国剑桥大学博士学位，曾以英国文化协会高级研究员身份在剑桥大学工作，后在美国普林斯顿高等研究院等地方工作。一九四八年回国后，他任北京大学物理系教授。

"张教授，我的量子力学课是您教的，您治学严谨，分析问题旁征博引，既能跳出物理，又能还原其中，给了我终生难忘的启迪。"能成为张宗燧先生的研究生，于敏感到无比光荣。

于敏是公认的好学生，成绩年级第一，张宗燧先生也很看好于敏。他不止一次称赞于敏"从来没见过学物理有像他这样好的"。

不久，张宗燧先生病了，不得不回家休养。于敏由北大物理系教授胡宁先生继续指导学业。于敏的第一篇学术论文《核子非正常磁矩》就是在胡先生的指导下完成的。

于敏学业一帆风顺，可是家里又出现了变故。于敏父亲的病一直不见好转。叔父原来是旧军队军官，新中国成立后，被遣散回家，没有安排工作。家庭的经济来源几乎全断了。

导师胡宁先生将这一切看在眼里，默默思索着一个新的方案。

"于敏是北大多年未见的好学生，天赋异禀，又勤奋好学，兼职做助教容易分心，我想他应该集中精力做研究。"胡宁先生是中国科学院近代物理研究所的兼职研究员，他找到所长钱三强和研究员彭桓武，希望把于敏调到这个所。两位先生一听，欣然同意，这样，于敏既可以专心搞科研，又有工资养家糊口，一举两得。

一九五一年一月，于敏调入近代物理研究所工作，从事原子核理论研究。

于敏被分在了彭桓武先生牵头并兼任组长的理论研究组。除彭桓武外，胡宁是兼职研究员，还有朱洪元、邓稼先、黄祖洽、金星南和殷鹏程等人。一些更年轻的科技工作者也加入了研究组，于敏是年龄比较小的。这个组后来有六人当选中国科学院院士。

组长彭桓武也是一个传奇人物。他早年留学英国，获得两个博士学位，是第一个在英国获得教授职称的中国人。他先是师从著名物理学家马克斯·玻恩。玻恩和爱因斯坦有着三十多年的交情，在给爱因斯坦的信中，他数次提到这位来自中国的得意门生。后经玻恩推荐，彭桓武又在诺贝尔物理学奖获得者埃尔温·薛定谔领导的理论物理所工作，他还与海特勒、哈密顿共创了著名的HHP理论（H、H、P是三人姓氏的首字母）。杰出的成就，让他在三十三岁时当选为爱尔兰皇家科学院院士。一九四九年五月，彭桓武经香港转道回到了母校清华大学。多年后在谈到回国的理由时，他说："回国不需要理由，不回国才需要理由。"

"新中国刚刚成立，百废待举，国家科学计划已将原子核物理列为重点发展学科，我想让你做原子核理论研究。"当彭桓武将研究方向告知给于敏时，于敏愣了一下。他情有独钟的量子场论轻轻地划过了他的心头。

"当年从工学院转到理学院，就是因为我对理论研究有着特殊的兴趣。投身理论研究后，我发现自己最感兴趣的是量子场论。原子核理论没有量子场论基础性强，不是最对我胃口的。"接受任务的这一天晚上，窗外万籁俱寂，于敏坐在书桌前，任思绪奔涌。他感到有些燥热，就走到阳台上透气。放眼望去，浩瀚的天幕中，点点繁星调皮地闪烁着光芒。此情此景，让于敏有了一些新的想法：国家的前途命运，就是这浩瀚的夜空，而我们每个人只有把自己的前途命运与国家的兴衰紧紧地联系在一起，才能闪烁出最耀眼的光芒，无愧于祖国和民族。

接受原子核理论研究,就意味着要从头开始。没有现成的教科书,没有导师,甚至同行也是寥寥无几。总之,一片空白。

彭桓武指定研究员金星南负责挑选文献。于敏一头扎进了筛选出的文献堆里,他仔细地阅读,试图以最快的速度接近最尖端的科学领域,了解国际核物理研究的最新进展。

女物理学家玛丽亚·格佩特-梅耶和物理学家约翰内斯·汉斯·丹尼尔·延森合著的核壳层结构方面的论文,于敏反反复复读了很多遍。这两位物理学家后来都获得了诺贝尔物理学奖。

"她的壳模型理论正是在分析大量物理实验的基础上建立起来的。"于敏深有感悟地对金星南说,"梅耶之所以能创立理论,除了坚实的物理基础和数学功底之外,还有很重要的一点,就是她非常重视物理实验。"

"搞理论,却不能只搞理论。"于敏感悟到的这一点,影响了他一生的科研追求。

"从事物理理论研究,一定要仔细地了解相关物理实验的内容,关注物理现象,去伪存真,总结分析物理规律。只有这样,才能有所发现,有所进步。"这成了于敏从事理论研究的信条。

一身"武功"

在食堂、宿舍、会议室,大家热火朝天地讨论着阅读文献的收获。

当于敏有些腼腆却又从容地讲述时,热闹的气氛一下安静下来。新的认知,新的领悟,新的探索,让大家感受到于敏给理论研究组带来的生机和活力。

"真正钻进去了的只有于敏。"彭桓武对于敏的才华十分赞赏。他把原子核理论方面的研究任务交给了于敏和邓稼先。

于敏每周去两次图书馆,每次都在里面待一天,时刻紧跟国外核物理理论最新研究成果。很快,他已经不满足于阅读文献,而是按照胡宁先生教给他的"科研前沿定位大法",试图去寻找自己的研究课题。

于敏的耳边常常响起胡宁先生喜欢说的"follow literature"(跟踪文献)。他通过这个方法,能够对国际上的科研发展状况做到心中有数,在这个基础上再去思索哪些课题有重要价值而没人去做或者刚有人做。一旦发现,他就抓住不放,立刻着手进行研究,形成论文。

很快于敏发表了多篇颇有分量的论文。就这样,他站在了核物理研究的前沿。一九五五年,由于在原子核理论研究方面取得的突出进展,于敏被授予"全国青年社会主义建设积极分子"称号。第二年,刚刚三十岁的于敏,晋升为副研究员。

二十世纪五十年代,朝永振一郎(后因量子力学的研究成果与另外两位物理学家共同荣获诺贝尔物理学奖)率团来中国科学院物理研究所访问。钱三强和彭桓武指定于敏参加接待。座谈时,于敏介绍了自己的工作和所里年轻人的成长情况。

"您的眼光是国际化的,您的研究站在国际前沿,请问阁下在哪里留学?师从哪位大师?"日本代表团中有人问于敏。

于敏和在场的中国专家都笑了。这笑容中，有自豪，也有一份无奈。

"在我这里，除了ABC之外，基本都是国产的。"于敏礼貌地回应。

日本人瞪大了眼睛，沉默了一会儿。也许是不相信，也许是不敢相信。

日本代表团走后，于敏和同事们继续关起门来，按部就班地看文献、写论文，过着在别人看来单调，自己却乐在其中的日子。

"于老师，您有外号了。"在所里进修的一名学生在食堂里看到于敏时，有些神秘地对他说。

"什么意思？"于敏像丈二和尚一样摸不着头脑。

"还是国际友人给您起的。"这位学生继续卖关子。

于敏还是不解。

学生告诉于敏："上回来咱们所里访问的那些日本科学家，他们回国后发表文章，给您起了一个外号——国产土专家一号。"

一身"武功"

于敏笑了，一时间，这个雅号传遍全所。

这个雅号，意味着外国专家对中国学者的刮目相看。我们新中国可以培养自己的国产专家！而且，我们的国产专家已经达到了国际先进水平，这多么了不得！

有一次，研究所又有重大学术活动。学术报告大厅里坐满了专家、学者和青年科技工作者。人们正在专注地倾听一位法国科学家有关康普顿散射的报告。报告人逐一介绍实验目的、装置、过程等。

还没等报告人讲实验结果，于敏就在笔记本上写下了分支比的数量级范围。

坐在一旁的同事何祚庥看到了这个数据，感到不可思议。他问于敏："人家还没讲，你咋知道结果？"

于敏小声对他说："先听完报告，散会了再讨论。"

报告的最后，法国科学家讲到实验结果，果然，分支比就在于敏预估的范围之内。

何祚庥心中仿佛有一百个问号，他想知道为什么，难道于敏看过这方面的资料？

报告结束后,何祚麻紧跟于敏回到办公室,连口水都没有喝,就直奔主题:"你是不是看过实验结果的资料?"

于敏微笑着说:"没有看过。"

何祚麻更纳闷了,问道:"你是怎么知道的?"

"这是从物理问题的实质判断的。这就是理论物理中常常用到的数量级分析法。"

于敏详细地介绍了这种方法。他说:"其实这种方法并不复杂,只要掌握了它的实质,就能很快估出它的数量级来。"

于敏的物理分析方法,让何祚麻对他肃然起敬。何祚麻感慨地说:"这就叫水平,这就叫科学!"

短短时间,于敏就已经凭借扎实的功底,名扬全所。他听报告或者学术讨论时,很少记录,只是用心地听,偶尔记点什么也是简明扼要。但是一展开讨论,他脑子里的东西就好像供他调遣的千军万马,数学公式和数据脱口而出,从不出错,复杂的公式经他一点拨,就成了生动的物理图像,活灵活现。分析物理问题时,他从物理量纲入手,估计数量级大小，进行粗估，很快就能抓住物理本质的独家"武功"，更在全所传为佳话，让大家佩服至极。

和于敏共事，对很多人来说，都是一种提升。于敏也在这个领域的研究中找到了乐趣，还有一种游刃有余的感觉，这样的状态让他十分愉悦。

刚刚在原子核理论研究中取得重要进展和丰硕成果的他，做梦也没有想到，自己又要转行了。

接受氢弹理论预研任务

一九六一年一月的一天，天空飞舞着雪花，院子里有一个年轻人堆起来的大雪人，红塑料块儿做的鼻子头，小石子做的眼睛……于敏披着棉大衣从大门口进来，欣然一笑，驻足欣赏年轻人的"艺术创作"。虽然他自己的性格偏内向，可是他十分喜欢外向开朗的年轻人，在他看来，年轻人活跃的思维、无拘无束的思考和创造力是最可贵的。

一个小伙子走过来，说："于老师，钱所长叫您到他办公室去一趟。"

于敏没有耽搁，很快来到钱三强的办公室。

"小于同志，屋子里暖和，你脱掉大衣，咱们好好聊聊。"钱三强招呼于敏坐下，桌子上放好了

48 中华先锋人物故事汇 于敏

两杯茶。

钱三强开始是问于敏最近的工作和生活情况。过了一会儿，钱三强变得严肃起来，他说："小于同志，经所里研究，报请上级批准，决定让你参加氢弹理论的预先研究工作。这个事情，是最高机密，你要严格遵守保密纪律。"

于敏看了看钱三强，没有说话。他的头转向窗外，窗外那棵山楂树，叶子早就掉光了，积雪落在枝头上，仿佛晶莹剔透的小天使。

于敏哪有心思欣赏风景，他又低下了头，他是被这"突然袭击"搞得有点不知所措。

钱三强知道，面对这么大的事情，于敏肯定是蒙的，就轻声问他："听明白了吗？"

于敏问钱三强："我没听错吧？做这项机密性很高的工作，我合适吗？"

钱三强笃定地说："很合适。你拥护社会主义，并用自己的专业知识为社会主义服务，我们都有目共睹。组织让你参加氢弹理论研究，这是国家的需要，也是对你的充分信任。"

于敏非常感谢组织的信任，感谢钱先生不拘一格、唯才是举。于敏自知性格内向，喜欢安静，从大学开始就喜欢从事基础科学研究，对应用研究不太感兴趣，比较适合从事小科学研究，不宜从事大科学研究，更没有想过从事诸如研制氢弹这种大系统科学工程的工作。再加上他当时研究的原子核理论正处在有可能取得重要成果的关键时刻，他有一点儿舍不得停下来。

这时他想起了自己青少年时代的屈辱生活——在天津上学时，每每经过日本军营，都要被迫鞠躬。他还想起了被日寇杀害的表叔。

他想起了新中国成立后，西方反华势力对我们国家的战争威胁。如果我们没有自己的核力量，就不可能真正屹立于世界民族之林。正像毛主席所说："……而且还要有原子弹。在今天的世界上，我们要不受人欺负，就不能没有这个东西。"

他想起了从小就崇拜的历史上的英雄人物，想起了"鞠躬尽瘁，死而后已""留取丹心照汗青""天下兴亡，匹夫有责"。

于敏很快就从杂乱无章的思绪中回过神来，他斩钉截铁地对钱三强说："我愿意！"他接着说，

"一个人的名字，早晚是要消失的，能把自己微薄的力量融进强国的事业之中，此生足矣。我会全力以赴参加这项工作。"

后来，于敏加入了所里的轻核反应装置理论探索组（以下简称"轻核理论组"），担任副组长，这时他还不到三十五岁。

然而，摆在于敏面前的是一个个更大的难题。

国外数据是错的

氢弹是一个极其复杂的系统。氢弹理论更是涉及原子物理、核物理、中子物理、辐射输运、辐射流体力学、爆轰物理、计算数学等诸多学科。研究氢弹，对于知识面广、理论扎实的于敏来说，仍旧是一个全方位的挑战，他继续用胡宁先生、张宗燧先生教授的跟踪基础理论的方法、物理中的数学思维方式、物理分解和图像知识，边看文献边琢磨氢弹原理，将复杂的物理问题进行分解，形成了许多有关氢弹基础理论的研究课题。

于敏一边自己做课题，推导方程，做物理粗估，构造物理模型，一边给年轻人讲课，辅导他们做课题。他经常加班加点，挑灯夜战，星期天也顾不上休息。大家有了什么新发现、新问题，都愿意第一时间和他讨论。

炮弹核与靶原子核发生碰撞的概率，用一个叫"截面"的物理量来表示。要研究轻核的聚变①反应，这个物理量的重要性就可想而知了。这一次，一位同事最先看到国外报道了一个重要元素的新的核反应截面数据。

"这个数据，对热核反应研究有很大帮助！"同事立刻把数据通报给大家。

谁知，一石激起千层浪。

"这么高？太理想了。"

"不会是假的吧？高得有点让人吃惊啊！"

大家议论纷纷。

这个数据是真的吗？如果通过最常规的手段——重复实验来验证，需要巨大的花费，而且耗时两到三年。值得吗？大家莫衷一是。

于敏心里也怀疑这个数据的真实性，他决心通过分析论证和计算，搞清楚它的对错。

---

① 轻原子核聚合为较重的原子核并放出巨大能量的过程。

"老于，睡觉了，都后半夜了。"那些天，于敏总在灯下苦苦地计算，除了吃饭离开书桌之外，其他时间就保持这同一个姿势。妻子孙玉芹担心他的身体吃不消，总是催促他早点睡觉。

于敏躺在床上，闭上双眼，但大脑还很兴奋。他试着睡，但半天也睡不着。那些公式和数据就像一个个调皮的小孩子在和他做游戏，跳来跳去，仿佛在说："你来捉我呀，你捉不到我。"

于敏索性任凭思绪神游，这也是他一个由来已久的习惯。从研究理论物理开始，那些白天搞不明白的事情，常常在夜晚出现在他的梦里。当思维的列车真正闯出一条新路时，他会兴奋地从梦中惊醒，起身记录下来那来之不易的结论。

"我搞清楚了，钱和时间都可以省下来了！"于敏从床上一跃而起，兴奋地自言自语。妻子一脸诧异地看着他，以为他在做梦。

于敏爬起来，坐在书桌前，将思路整理到纸面上，这才放下心，回到床上继续睡觉。

第二天，于敏早早起床，来到办公室。他拿出昨晚记录的那张纸，对自己的推导和计算再次进行缜密检查。确保无误后,他给同事们做了一场报告。

"我可以肯定那篇报道的数据是错误的,完全没有必要花费那么多人力物力和时间去重复那个实验。"于敏说。

后来,外刊报道,国外有人做了那个实验,证明报道的数据确实是错的。

加急电报

热核燃烧,发生在高温高密度等离子体状态下,这种物质状态下,存在一个集流体场、辐射场、中子场和核反应场于一体的复杂综合物理场,不同物理场交互耦合,参量瞬息万变,有关现象和物理规律非常复杂。要研究这些现象和规律,电子计算机是必不可少的工具。

我国在二十世纪六十年代已经研制出运算速度五万次每秒的119计算机和J501计算机。119计算机在北京的中国科学院计算技术研究所,J501计算机在上海的华东计算技术研究所。

一九六四年下半年,于敏带着同事,来到上海嘉定县城郊的华东计算技术研究所,使用J501计算机算题。

十二月的上海又湿又冷,但是他们的心情却是阳光灿烂的。月底,任务还未完成,还没到打道回府的时间,门房值班人员突然找到于敏,交给他一份加急电报,电报要他火速回京。

于敏知道,肯定有大事、急事。他急忙买了当天的火车票,提着常年陪伴他的行李箱,踏上了返回北京的火车。

到北京站后,于敏没顾得上回家,直接坐上了到单位的公交车。

钱三强已经在办公室等着他了。

这个冬天,凛冽的寒风吹得人皮肤生疼,但办公室里却温暖如春,一如几年前的那个清晨。

于敏心中也有些猜测。这时,钱三强望着窗外,他们共同回忆起了几年前的那一次对话,正是那次对话,开启了于敏预研究氢弹的工作。

他们相视而笑。

钱三强说:"要调你们进入主战场了。"

于敏并不感觉意外,这意味着兵分多路的研究工作即将汇聚一体,形成更磅礴的力量。在原子弹爆炸成功之后，这样的决策预示着距离氢弹燃爆时的那一声巨响也不远了。

钱三强告诉于敏："上级决定把你和组里的另外三十余人一起调入二机部第九研究设计院理论部，集中进行氢弹攻关。"

研究院那边，从交出第一颗原子弹的理论设计方案以后，就已开始氢弹原理的探索。也就是从一九六三年九月起，部分力量已经转移到氢弹原理的理论研究上来了。

于敏欣然同意。一九六五年一月，他们三十余人携带着所有资料和科研成果到新单位报到。彭桓武先生任研究院副院长，主管理论部业务工作。理论部主任是邓稼先。他们热情欢迎于敏的到来，于敏被任命为理论部副主任。

过去在轻核理论组没有机会接触有关原子弹的机密材料，现在这些材料对他是完全敞开的。于敏深入其中，同大家朝夕相处，共同讨论，看计算机纸带、查资料，一边熟悉原子弹的物理过程，一边探索氢弹原理。

突破氢弹的攻坚战

突破氢弹的攻坚战打响了。

一九六五年二月,理论部组织有关方面的专家和研究人员,回顾了前一阶段工作,分析了美国和苏联等国氢弹发展的历史,制定了下一步的理论研究规划。第一步,要突破氢弹原理。第二步,完成重量约一吨、威力相当于一百万吨TNT当量的热核弹头的理论设计(代号"1100"),力争在一九六八年前完成首次氢弹试验任务。

研究院副院长彭桓武发动大家开展自由讨论。

一间空房,一块大黑板,从彭桓武这样的大科学家,再到邓稼先、黄祖洽、周光召、于敏等科学家,以及刚毕业的大学生,大家都可以到黑板前讲述自己的设想。好多人搬着椅子去听，在膝盖上记笔记。

有的科研人员甚至把家乡东北"小扁锅烧开水，大锅不开小锅开"的例子，都拿出来当理论模型……

于敏也认真参加讨论。

"看，刘部长的车又来了。"

刘西尧是一九六三年担任二机部第一副部长的。来二机部前，他是国家科委副主任，兼任国防科委、国防工办副主任。参加革命前，他曾在武汉大学物理系学习。

二机部派刘西尧副部长抓理论部的氢弹原理研究。刘西尧副部长乘一辆老旧的红色小轿车，每周来理论部一次，听取汇报，了解进展，有时直接参加一线研究人员的学术讨论和氢弹原理讨论会议。

刘西尧副部长的小轿车成了理论部鼓舞士气的标志，当然，也是一种压力。

那段时间，人们经常在机房和办公室看到于敏的身影。他或在窗前，或在灯下，仔细翻看着长长的计算机纸带，面对那蝇头大小的计算数据，一看就是几个小时。他时而看计算结果，时而闭目沉思，解决疑难问题，顾不上吃饭。

当时的理论部，不止于敏一人如此，每个人都在忘我地工作，苦苦探索。

由于严格的保密规定，一切工作只能在办公室完成，一张纸片都不能带出办公室。草稿纸是按张来领取的，用完后统一回收，再由专人负责销毁。每天晚上下班前，大家都要把所有材料和笔记本放到保密包里，统一存放在保密室。

也正因为这样，每天晚上，科研大楼都灯火通明，以至于当时很多部门的领导到办公室挨个动员大家回去睡觉。后来规定晚上十点必须存放好保密包，回家去睡觉。可是有的同志仍躲在厕所里看书，有的在被窝里拿着手电看书。

那时，也是我国国民经济的困难时期。艰苦时，伙食标准是所谓的"2611"，即每月二十六斤粮，每餐一个馒头、一角钱干菜汤。因为缺乏营养，大多数同志身体浮肿，上楼梯得两手扶着栏杆。中央领导知道后，极为关心，请各军区支

64　中华先锋人物故事汇　于敏

援，调来了黄豆、土豆，才多少缓解了食品短缺的困难。

经过五个多月的工作，他们着力攻破的每条路径，都与"1100"这个目标相差甚远。"热情很高，但办法确实不多"，领导们心急如焚，有些同志情绪低落，于敏更是寝不安席、食不知味，整个人都沉浸在对原理的探索之中。家里、路上、单位，都是他的办公室。他的脑子里装满了氢弹原理问题，时时刻刻都在飞速运转……

这一天，于敏提着一袋子包子、馒头从食堂回家，忽然有人喊他："老于，你看看你丢什么了？"那位同事边说边笑。于敏不解，下意识地向下一看，怎么包子、馒头都在地上？他这才意识到，原来袋子破了，自己手里就只提着个破袋子，所有的食物已经全掉出来了。

妻子孙玉芹心疼丈夫，担心他过度劳累，为了让于敏换换脑子，周末就硬拉着于敏去公园。然而他不是沉思默想，就是跟不上趟，最后干脆找个幽静的地方独自看书。

在黑暗之中苦苦求索，是压抑的。都说黑暗之后，光明就会到来。可是没有人知道那黑暗的夜到底有多长，自己到底走到了哪个位置，还有多远的路。

那段时间，理论部的人心情都很压抑。山重水复疑无路，柳暗花明的"村"在哪里？他们还是没有发现线索。

研制氢弹有三大要素，分别是原理、材料和构型。有了原理突破才能谈构型。所以说，原理突破是第一位的，理论设计人员的压力也是最大的。

这年八月，刘西尧副部长又来参加理论部的会议。在讨论技术指标时，刘西尧对黄祖洽说："我个子比你高，我的手举起来就可以摸到这个门框，你就摸不到，量变到质变嘛。"他要求"1100"这个目标不变，但可以分两步走。第一步，先设计飞机能携带的威力接近一百万吨TNT当量的核炸弹，只要飞机能携带，能带弹空投试验就行。第二步，再搞能上导弹头的氢弹。

会议后，领导急于要理论部交一个威力尽可能接近百万吨TNT当量、飞机能携带的核装置的理论设计方案。会议决定：理论部的主要力量留守北京，利用中国科学院计算技术研究所研制的119计算机继续探索突破氢弹的途径；由于敏带领理论部十三室的部分成员到上海华东计算技术研究所，利用那里的J501计算机，完成加强型原子弹优化设计的任务。

"百日会战"

加强型原子弹虽然含有热核材料,但是热核燃烧不充分,只起加强原子弹威力的辅助作用,它不是氢弹。这次组织上安排于敏去上海的任务是进行优化设计,就是利用当时已经掌握的原子弹原理,尽可能通过热核材料的加强,靠拼材料、拼个头、拼重量的办法,设计一颗飞机载得动的百万吨TNT当量的热核弹头,尽量达到氢弹的威力。

当时的世界格局,冷战愈演愈烈,美苏核军备竞赛不断升级。这个方案,实在是迫不得已的应急办法。

一九六五年九月底,于敏和同事扛着行李,带着计算软件、科研记录本等资料,来到了华东计算技术研究所。

正值秋天,华东计算技术研究所被一大片金黄色的稻田包围着,像是世外桃源。抵达目的地后,大家马不停蹄地安装从北京带去的各种程序,进行调试和计算。

国庆节晚上,大家围坐在研究所主楼五层的大教室里,举行了一场简短、欢乐而又有意义的联欢会。

晚会在《歌唱祖国》的歌声中开始。大家一边吃着点心、水果,一边欣赏着自编的文艺节目,有口技、南拳、手风琴独奏、女声小合唱《洗衣歌》等。于敏表演了一段评书,是《三国演义》片段。于敏的家里,挂有"淡泊以明志,宁静以致远"的横幅。《三国演义》里的人物,他最佩服的就是诸葛亮。

联欢会后,他们带着愉悦的心情投入了计算工作。

谁也没想到,他们很快就乐不起来了。

这一天,于敏走进办公室,没有听到往日激烈的讨论声。虽然大家还是照旧埋头看着纸带,但鸦雀无声的气氛，让于敏感觉到了年轻人情绪的低落。

他很理解那些刚出校门不久的年轻人，理解他们遇到困难却找不到出路时的心情。他对眼前的困难是有心理准备的，他有"黄沙百战穿金甲，不破楼兰终不还"的决心。"一定要坚持下去，不完成任务绝不鸣金收兵。"于敏对自己说。

于敏默默地继续埋头研究堆积如山的纸带，心里有了一个新的计划——做讲座。

于敏考虑到与他一起出差的年轻人涉足氢弹探索时间不长，大都缺乏氢弹的基本知识和科研的实践经验，为了提高他们的水平，也为了找出问题所在，他把自己过去四年积累下来的氢弹物理知识，结合眼前加强型原子弹优化设计的实践，给大家做系列讲座。

他从炸药起爆开始，将加强型原子弹的爆炸全过程分为原子阶段、热核爆震阶段和尾燃阶段，并对其中每一个阶段的特征物理量进行分析……

于敏向来考虑问题深入，讲解时却特别清晰易懂。他用深入浅出的讲法，教年轻人如何去分析计算结果，怎么去抓住物理实质，怎么将众多的物理因素进行分解，透过纷杂的现象抓住本质。

一个个枯燥的数据，在他的口中，变成了生动的物理图像。这些鲜活灵动的图像，给年轻人打开了一个新世界的大门。

一节课上完后，没有人肯离开。他们沉浸在新的物理天地里，仿佛对那些纸带上的数据有了新的感觉。于是，他们又赶紧回到办公室，继续看起了纸带。

纸带要靠计算机输出，可那时候的硬件条件确实不给力。排队等待使用计算机的单位很多，使用计算机的时间很紧张，他们不得不争分夺秒"抢机时"。另外，计算机常常卡壳，不停地给科研人员出难题。

"机器又跳了，算出来的结果又出错了！"每隔一段时间，就会听到大家无奈的叹息。

"每隔一段时间，我们就把计算结果存在计算机的磁鼓里，一旦机器跳动，就把存在磁鼓里的前一时段的计算结果取出来作为初始条件由计算机重新计算。"上海的同事，想到这个"取鼓重做"的

"百日会战"

办法，用它来减少机时损失。

于敏安排在每次算题的时候，不仅计算员、程序员必须在场，物理、数学专业人员也要参加，以便及时发现和解决问题。

就这样，全体人员一起混合编组排班，夜以继日地轮番到机房工作。每去一次机房，大家便抱回一大堆纸带卷。而留在办公室的人员则忙着画图、登记、分析、讨论，准备下一批要算的模型。

大家热情高涨，干劲冲天，很快就算出了一批模型。从结果看，它们离领导对这次出差的要求并不远，只要加入少许贵重材料，核炸弹爆炸的威力就可以提高到一百万吨TNT当量。

只是这批模型的聚变份额都很低，表明其中的热核材料并没有充分燃烧。

为了找出热核材料燃烧不充分的根源所在，于敏从众多模型中挑出三个用不同核材料设计的模型，进行深入细致的系统分析。

科学的奇迹，就在这日复一日的枯燥计算中诞生了。

问题明朗了！于敏发现，在加强型原子弹中，原子弹爆炸后出现许多物理因素，有的起好作用，有的起破坏作用。受限于弹体的构型，它们不可能很好地配合。

如何选用性能适合的材料？采取什么样的构型，才能促进起好作用的物理因素，抑制起破坏作用的物理因素？于敏又陷入了苦思冥想之中。

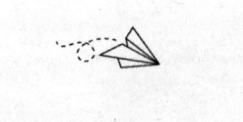

"我们选了另一条山路"

紧张工作之余,同事们有时会拉着于敏到马路上散步,欣赏田野风光;或去逛嘉定名胜,听于敏介绍古迹的盛衰变迁;或去吃南翔小笼包,吃一角钱一碗的澄桥豆腐。于敏工资相对较高,多是他请客。

他们偶尔也会玩会儿桥牌什么的,换换脑子。

"这回老于没来,我可算有机会赢一把了。"牌友们这么评价于敏:数学脑瓜真灵,"算牌"很厉害。一把牌到他手上,他马上就能知道自己会不会赢,会赢在哪张牌上。

没来打牌的于敏,和另一拨同事走在回研究所的路上,他们一起背诵诸葛亮的《出师表》,你一言我一语，像接力长跑似的。他还与同事一起讨论《红楼梦》中的人物和情节，他能背诵书中的诗句和章回标题，这让同事很惊讶。

正值深秋，是上海郊区稻子开镰收割的时节，空气中弥漫着清新的稻谷香。

一天晚饭后，于敏和十三室副主任蔡少辉在住地附近的田间小道上散步。当谈到应如何创造条件让热核材料充分燃烧时，于敏直截了当地提出加强型核装置的构型不利于热核材料压缩和燃烧的观点。接着，于敏向蔡少辉详细地讲了他几天几夜思考的方案。

蔡少辉被于敏的崭新思路所吸引，也被于敏所列举的无可辩驳的论据所折服，他兴奋地说："那我们就马上动手干吧！"

于敏说："可以先计算两个模型看看。其中一个会比较理想……另一个则比较接近实际……"显然，这是于敏经过深思熟虑后想要走的关键两步。

那天晚上，他们谈到很晚，露水打湿了他们的衣服。阵阵秋风袭来，已经有了凉意。他们结束谈话时，月亮已经落到西边远处了。

回到办公室，蔡少辉立即向研究室主任讲了于敏的想法。主任听后十分支持，当即找物理小组的副组长一起商量落实。后来，他们准备了两个模型。通过改变计算模型的外边界条件的办法，模拟原子弹能量通过某种机制瞬间作用在"扳机"身上。

十一月一日晚上，华东计算技术研究所J501机房内，在柔和的灯光下，有人在拨弄着计算机操作台上的按键；有人趴在地板上查阅纸带卷，检查数据是否有差错；于敏拿着计算尺和铅笔不时在算着、写着。

计算机忠实地执行着指令。机器时而发出美妙的旋律，时而又发出沉重的喘息声。纸带卷上缓缓地输出令人兴奋的数字。研究人员喜出望外地交换着眼色。

兴奋之余，他们临时又加算了一个材料比例不同的模型，结果也不错。隔天，另一个模型的计算也取得了较好结果。

至此，两类共三个模型的计算结果表明，只

要能驾驭原子弹的能量，我们就能设计出百万吨TNT当量的氢弹。

曙光就在前面，大家深受鼓舞，群情激昂，气氛热烈。此后，数值模拟计算，分析计算结果，分享报告，产生新的想法，开辟新的课题……就这样，大家紧张热烈地不断提出问题，解决问题，夜以继日地工作，一步步把研究引向深入。

各方面的研究成果每天都像雪花一样飞向于敏，而于敏就像有魔法一般，那些到了他脑中的数据，就像回到了家，安安稳稳地待在自己的位置，和左邻右舍的关系清晰可见，能整体说明的问题也和盘托出，几乎不会和于敏捉迷藏。

最终，一个从原理到材料和构型的基本完整的方案，在于敏心中连成了一个精美绝伦的闭环。方案是完整的，研究成果可以拿出手了。这时，于敏再一次做了一场学术报告，介绍这一完整方案。

华东计算技术研究所主楼五层的大教室里，全体出差人员安静地围坐在大黑板前。在众人殷切的目光下，于敏登上讲台。

他首先向大家介绍新模型的设计思路。他说：

"过去大家都很重视对原子弹的压缩,现在看来,热核材料压缩更重要!"接着他分享了一个最近计算的理想模型的结果。当人为地把热核材料压缩度提高一倍后,加强型原子弹的烧氘量和威力都大幅度地增加了。"要实现这么大的压缩度,靠炸药不行,要靠原子能。"

在报告开始时,大多数人只是因为对于敏的设想感到新奇、对计算结果感到意外前来听讲的。随着于敏报告的深入,大家被于敏深入浅出的语言、严密的逻辑思维、无懈可击的推理和充分的论据所吸引,很快,小声的讨论化为一片欢呼声,整个教室沸腾起来。

于敏等人以优化加强型原子弹为目的的上海之行,竟给氢弹研究找到了突破点!这实属意料之外。

于敏随即让同事给远在北京的邓稼先打电话。为了保密,使用的是只有他们才能听懂的暗语。

"我们选了另一条山路……"

邓稼先听出是好消息:"你们登顶了?"

"还差一点儿……我们对路况有新的发现,还没有贸然前进……我们的人手不够。"

"好，我立即赶到你那里去。"

第二天，邓稼先乘飞机到上海，听取了于敏等人的汇报，并与他们进行了详细的讨论，他兴奋得像个孩子，笑得合不拢嘴。

大家让邓稼先请客。脑子转得快的于敏，也抢着说："财神爷到了，请他犒劳三军。"邓稼先是三级教授，月工资两百多元，他出手大方，喜欢请客，大家都亲切地把他当"财神爷"。

邓稼先笑着说："秋意凉凉，蟹脚痒痒，走，咱们吃螃蟹去！"

一百个日日夜夜，终于形成了一套从原理到构型基本完整的氢弹物理设计方案。这是每一位参加这项工作的科研人员永远难以忘怀的。这段历史，也被称为"百日会战"。

"我们不知道美国和苏联的氢弹是不是这样引爆的，但是我们相信中国氢弹的原理已经诞生了。""百日会战"结束时，一位参与其中的科学家很自信地说。

在我国氢弹的原理突破中，于敏起了关键作

用,做出了重大贡献。他是中国氢弹的主要发明人。一九八五年,他获得了国家科学技术进步奖特等奖(第一获奖人)。

主攻方向

一九六五年十二月,研究院在西北核武器研制基地召开突破氢弹的规划会议。于敏在会上详细介绍了氢弹物理设计方案,提出了对爆轰试验、加工制造、安装和核试验测试等方方面面的要求,讲了整整一天,并详细回答了大家的提问。

会上,刘西尧副部长定下"突破氢弹,两手准备,以新的理论设计方案为主"的思路。这意味着于敏的氢弹理论设计方案成为主攻方向。此后两年的氢弹科研和生产计划也以这个方案为基础。

一九六六年,周光召和于敏带着理论部同志前往罗布泊试验场。

一下飞机,他们就在试验场招待所见到了国务院副总理聂荣臻元帅。聂帅看到他们，说："我知道，光召的哮喘病还没有好，经受不了许多折腾了。你们跟我住在一块儿，就这么定了。"领导对科技工作者的深切关爱和殷切期望尽在不言中。

于敏到达测试地点罗布泊后，白天到爆心附近了解试验布局，最大限度地查漏补缺，晚上就钻进帐篷里，用计算尺分析、预估测试量程。为保证测试成功，他做着最后的努力，生怕出一点儿瑕疵，影响全局。一段时间后，他的衣服脏了，头发长了，胡子也长了，但他完全无暇顾及自我形象。

"老于，你来我们帐篷，我给你理个发！"有位手巧的同事主动要给于敏剪头发。

头发黏黏糊糊的，这让无孔不入的细沙有了藏身之地，有些沙子还混合着黑色的煤渣子，公然寄居在于敏的头发上。胡子也是许久没刮了，刚到不惑之年的于敏，看起来就像一个脏兮兮的老人。

当时，戈壁滩正值严寒天气，冰天雪地，气温极低。大家住在帐篷里，只能靠煤炉子取暖，不但取暖效果不佳，而且煤炉子的粉尘时不时吹得哪里都是，有时一个没注意，还吹进饭里、眼睛里。

你是不是想说，那勤洗澡吧？不行的，多脏也没有办法，试验场没有洗澡设施，不能洗澡。

理发时的于敏，有些心不在焉。过些天就要试验，他心中不免紧张。

理完发，他一个人默默地回到了自己的帐篷，躺下来准备睡觉，但脑子里还在想那些数据。要是有"捣乱分子"，哪怕到了最后一刻，他也要把它揪出来。

"老于，我是老程，你醒一醒。"半夜，也住在试验基地的物理学家程开甲在帐篷外面喊于敏。

刚喊了一声，于敏就答应了。他并没有睡着。

程开甲掀开帐篷的帘子，对于敏说，为了确保某个重要测试项目拿到数据，有一个地方还要用屏蔽物挡一挡。

于敏一听，冒着戈壁滩零下三四十摄氏度的严寒，和程开甲一起爬上一百零二米高的试验铁塔，亲自动手，将屏蔽体布设妥当。

怎么回事？虽然试验基地已经对塔基周围二百三十米内的地面用水泥和石块做了加固处理，但这样高的铁塔，是个有弹性的刚体，无风也会摇摆，如果遇到十级大风，在塔顶就有二十厘米以上的摆动幅度。于敏和程开甲爬上铁塔顶端，就是给塔顶这个位置挡上屏蔽物，万一试验时刮起了大风，也不会影响数据的接收。

所有疑点都已消除，一切都已准备就绪。

一九六六年十二月二十八日上午，试验将在几个小时后开始，在核试验指挥部观察室里，聂荣臻元帅为了缓解大家多日来的紧张情绪，要指挥部的成员和专家给这次试验的成功率打分。

"九十分吧。"这是于敏打出的全场最高分。他对自己和理论部科研人员的工作有充分的信心，但是他仍旧保持着科学家的理性。对于科学试验来说，总有两种结果存在的可能性，谁也不能保证成功率百分百。

北京时间十二时，工作人员按下了引爆氢弹原理试验核装置的电钮。

听到报时员"十、九、八、七……"清脆的报数声时，于敏紧张得心都提到了嗓子眼儿。透过防光辐射的双层保护眼镜，他看到核爆炸火球冉冉升起，蘑菇云接着翻滚而上时，他的心中有了些底，但还需要等待速报数据的最终确认。

很快，指挥部收到了这次试验的速报数据。当于敏听到两个关键的速报数据后，脱口而出："与理论预估的结果完全一样！"

此刻，于敏已经可以断定，我们掌握的氢弹原理是正确的，设计方案是可行的。根据爆后对多种测量数据的综合分析，科研人员认定，此次氢弹的爆炸威力为十二点二万吨TNT当量。

这与理论设计完全吻合！

按照氢弹的三要素——原理、材料与构型来分析，这次试验的核装置，已经是一颗名副其实的氢弹。只是为了对它的爆炸过程进行更好的测量，试验采用了塔爆方式，所以故意降低了威力。突破了氢弹原理，意味着我们已掌握了设计氢弹的诀窍，拥有了设计具有不同威力的氢弹的自由。

周恩来总理在电话机旁听取了氢弹原理试验结果的汇报，并代表党中央发来了贺电。

当晚，于敏和同事们在基地收听了中央人民广播电台播发的新华社《新闻公报》。公报宣布：我国又成功地进行了一次新的核爆炸。这次核爆炸的成功，把我国核武器的科学技术提高到一个新的水平。当时绝大多数中国人以为我国又爆炸了一颗原子弹。只有于敏等少数人知道，我们成功爆炸了氢弹。

按照部署，参试人员很快撤离到位于马兰的核试验基地招待所。在那里，聂荣臻元帅招待辛苦了多日的全体参试人员。大家还美美地洗了热水澡，舒坦极了。

第二天，于敏，这位中国氢弹的主要设计者，与聂帅一同返回北京。

爆炸全威力氢弹

氢弹原理试验成功后，中央就此决定终止原来作为第二手准备的"加强型原子弹"的理论设计和试验准备工作，集中力量准备全威力氢弹试验。

一九六七年一月，邓稼先在一次会议上提到：彭桓武副院长推测，法国可能在今年进行氢弹试验。因此，我们的工作要赶在法国人前面，上半年做全威力氢弹试验。

任何试验都存在失败的可能，一个环节、一个部件、一个数据、一个细枝末节有所疏忽，就有可能导致热核试验的失败。这不仅关系到国家资金的巨额损失，而且直接影响中华人民共和国的形象。

于敏如履薄冰，整日埋头翻看计算机纸带……

长长的纸带，被于敏无数次地卷起又展开，他来回比对分析，生怕什么地方考虑不周。

"一定要按照周总理提出的'严肃认真，周到细致，稳妥可靠，万无一失'的指示做好每一项工作。"几乎每一天，大家都能听到邓稼先、于敏平和而严肃的叮嘱。

一九六七年六月十七日上午，碧空万里，还是在西北荒漠，聂荣臻元帅再一次亲临试验场主持全威力氢弹的试验。

上午八时，担任空投任务的空军机组驾驶轰-6飞机从核试验基地马兰机场起飞。不过，第一次投弹没有成功。

怎么回事？因为当时要求氢弹落点的位置要非常准确，以确保在试验中拿到准确、可靠的测试数据，飞行员第一次投弹时心情过于紧张，错过了最佳位置点，弹未能投下。

机组人员请求再投一次。

指挥员发出"要沉着，不要紧张"的口令。飞行员驾驶飞机，八时二十分再次投弹，氢弹脱钩，降落伞按程序正常打开,氢弹在预定高度爆炸。

顿时,一道亮光划破天空,巨大的火球奔涌升腾。

此刻,只见地平线上出现了两颗火红的太阳,一颗在上,一颗在下,下面那颗发出的强烈光芒,使另一颗黯然失色。

这颗人造"太阳"比一千个真正的太阳还亮,把冉冉上升的太阳遮掩在漫漫金光之中。

接着,烟云上升到离地面十公里的平流层,蔚蓝色的天空中出现了壮观的蘑菇云。

这宏伟壮丽的景象,正是氢弹在向世人展现它特有的巨大威力!在场人员欢欣鼓舞,情不自禁地欢呼起来。

指挥部很快收到了速报数据。当聂帅得知这次试验威力不低于三百万吨TNT当量时,非常高兴,连声说:"够了!够了!"

没多久,投弹飞机安全返航。爆后两分钟,取样火箭发射了取样弹,取到了放射性微粒样品。经过对多种数据的综合分析,这次试验的实测威力为三百三十万吨TNT当量。

全威力氢弹试验的成功，使我们提前一年多实现了毛泽东主席和中央提出的要在一九六八年爆炸一颗氢弹的要求，也震惊了全世界。

世界上习惯于用从原子弹到氢弹的时间间隔来衡量各国早期核武器的发展速度。从突破原子弹到突破氢弹，美国用了七年多，英国用了四年七个月，法国用了八年六个月，而我国只用了两年八个月。

我国不但赶在法国前面爆炸了氢弹，而且成为世界上从原子弹到氢弹，所用时间最短、水平提高最快、试验次数最少的国家，这使我们的热核爆炸试验一起步就比美苏起步时高一头，实现了中央提出的"以尽可能少的试验达到尽可能高的水平"的要求。

这样的中国速度，再一次证明外国人能做到的事情，中国人同样能够做到，外国人做不到的事情，中国人也能够做到。虽然当时我们的设备差，国力弱，各种物资储备和后勤保障都很落后，但中国人的脑袋不笨，精神很强大。参与核武器研制的中国人，过着最艰苦的生活，从事着最伟大的事业。他们把"小我"融入"大我",把国家放在心中最崇高的位置。他们把强国威、振军威的信念,化作了排除万难、倾力奉献的日日夜夜。成功属于他们,人民永远不会忘记他们。

全家搬到四川

一九六九年九月二十三日，我国进行了首次地下核试验。几天后的九月二十九日，又进行了一次大型空爆热核试验。这两次核试验是并行准备、接连做的。于敏是理论设计的主要负责人，两次试验，他都参加了。

长期奔波于北京和大西北之间，沉重的精神压力和过度劳累，使于敏的胃病日益加重，他连走路都很困难，走平地时勉勉强强，上台阶时则要用手帮着抬腿才能慢慢上去。

大型空爆热核试验前，于敏被同事们搀扶着走上小山冈。刚站了一会儿，他便用手捂着胸口，脸色煞白，细密的汗珠从额头上往下流。

"老于，快躺下，快躺下。"几个同事坐在地上，让于敏靠着他们的身体缓缓半躺下来。有人拿来水壶，给于敏喂水。半个多小时过去，于敏的脸上逐渐恢复了些许血色，同事们搀扶着他，慢慢地下了山冈。

这是于敏的身体第一次亮起红灯，而更严峻的考验，还在后头。

一九六九年十月，组织要求理论部大部分人员搬迁到四川"三线"。

什么是"三线"？二十世纪六十年代，国家从经济建设和国防建设的战略布局考虑，启动三线建设。依据我国地理区域划分，将全国划分为一、二、三线，沿海地区为一线，中部地区为二线，中西部地区为三线。

于是，一九六九年十一月下旬的一天，于敏和妻子打包了所有的生活用品，带着两个年幼的孩子，与理论部的大部分人员和家属一起，离开了北京的家，登上了西去的列车。

于敏因为胃病发作，被安排和老弱病残人员坐在一起。病痛和劳累虽然折磨着他，但更让他彻夜难眠的是，如何才能完成核弹武器化的任务。

下了火车，又坐上汽车，他们辗转来到了大西南的山沟里。情况比想象中更糟糕，除了刚盖好的几座房子孤零零地立在那里，什么科研条件、生活设施都没有，甚至连灶台也没有，从北京带来的锅碗瓢盆根本派不上用场。

于敏的妻子孙玉芹也愣住了，她万万没有想到，到了四川，要想吃上饭，第一件事竟然是砌灶台。

可于敏根本无暇顾及这些。他看到这个地方根本不具备查阅资料和看书的条件，无法开展工作，就去找科研人员商量对策。

于敏的儿子于辛刚刚六岁，看着刚砌起来的灶台，乐得哈哈大笑。

"姐姐，快看啊，灶台四处冒烟。"小于辛生在北京，长在北京，从没见过这样的灶台，没见过生火，此时的他完全忘记了饥饿，兴奋地围着灶台转圈，小脸儿都被冒出来的黑烟熏黑了。

妈妈则急得团团转。

幸好有一位叔叔伸出援手，把这个"残次品"

灶台推倒重砌，于敏一家才终于拥有了一个顶用的灶台。

这些天，爸爸一直没在家里吃饭，姐弟俩也没有在意。反正在北京住的时候，爸爸也几乎一直不在家。

可在四川才待了没几天，于敏他们又被召回了北京。因为核试验任务紧急、松懈不得，于是科研人员陆续返京，家属还是全部留在四川。

无论是科研人员，还是家属，所有人的户口都随着这次"大搬家"迁到了四川。于敏回京，从手续上说，走的是去北京出差的手续。他们在北京的房子已经交还给了单位，在北京只能住在招待所或单位。不过，他们待在北京的时间其实也不多，更多的是待在大西北的试验基地。

于敏很少回四川，孙玉芹一个人带着一双儿女艰难地生活着。那里的冬天很冷，房子里不像北方有暖气，孙玉芹给孩子们缝制了厚厚的棉衣，夜里给他们盖上厚厚的棉被，就怕他们受冻生病。

生活区只有一个医务室，可以开简单的药品，但没有化验的设备。孩子们要是发高烧了，得顺着江边走,再翻过一座山,到山那一边的医院去看病。所以,最让妈妈焦急无助的,就是孩子们发烧。那个时候,全家人一起流眼泪。

"有爸爸的信吗?"女儿问妈妈。

妈妈微笑着告诉她和弟弟:"有,爸爸又来信了!"说着,妈妈在昏暗的灯光下,给两个孩子一字一句地读起来。

这一刻,家里温馨极了。

虽然爸爸因为工作繁忙不能常陪在家人身边,但爸爸一封又一封的来信,用温暖的叮咛、亲切的家常话,守护着他们的家。

于敏的爱,他们感受得到。

与死神擦肩而过

"明月照积雪,朔风劲且哀。"

一九七〇年底,大西北寒气逼人,冷风刺骨。连续三次"515"型号热核武器的初级冷试验①均告失败,更给这段冰冷刺骨的日子增加了无法驱逐的寒意。

于敏对冷试验失败的原因做了分析:"对试验失败的原因,看法有两派,一是技术派,一是原理派。技术派认为三次冷试验的失败是技术问题造成的,不是原理性的;原理派则认为理论方案有重大的错误,是原理上的错误。我个人属于技术

---

① 这是核试验前的预备性试验,是核武器设计中必不可少的组成部分。

派,依我看是一些局部的技术原因导致了试验的失败,对这些局部的技术环节问题还需要做进一步的研究。"于敏有理有据地阐述了原理派之所以不对的理由,他的观点得到了理论部全体科研人员的支持。

"黄沙百战穿金甲,不破楼兰终不还。"任何困难都打不垮一心为国防奉献的科学家们。于敏组织科研人员参加技术会战,下定决心一定要找出此前三次冷试验失败的真正原因,他自己也留在青海与试验人员一起解决问题。

"老于,这段时间你的身体太不好了,还是先回北京休息,补充些营养,让身体恢复恢复。我们有什么问题,一定给你打电话。"基地的工作人员一边扶着气喘吁吁的于敏,一边劝他。

核武器研制基地的条件有多苦呢?你可能想不到,那里地处青海高原,海拔三千二百米,年平均气温在零摄氏度以下,高寒又缺氧。

而我们的科学家日常能吃到什么呢?肉蛋奶和蔬菜几乎没有,大家都靠吃米饭、馒头填饱肚子。

于敏高原反应强烈,营养又跟不上,再加上任务重、时间紧,大量用脑、高度紧张,精神压力无法排解,多重夹击之下,他的身体状况特别糟糕。从宿舍到办公室只有百米之遥,他要歇好几次才能走完。睡在床上,他也是似睡非睡,一夜不知要醒来多少次。就这样的睡眠质量,还是在一个晚上吃两三次助眠药后才能达到的。疲劳感长期无法缓解,他真是心力交瘁。

"再坚持坚持吧,咱们快迎来曙光了。"于敏说话的声音很低,没什么气力。

"老于,北京来电话了。"这时,一位同事过来报信。

大家搀扶着于敏走走歇歇,好不容易到了保密电话室。

那时长途电话的设备、技术都很落后,在青海与北京通电话,非要对着听筒大声喊不可。于敏已经尽最大努力在喊,可是对方还是听不清。

"我们替您传话吧!"身边的同事眼眶湿润了。

就在这样的身体状况下,于敏依靠内心的信仰、毅力和坚持,一直工作到技术问题彻底解决,并参加了第四次冷试验。

这次冷试验，终于得到了预期的结果。这证明理论设计方面毫无问题，于敏对前三次试验失败原因的分析也是完全正确的。

一九七一年十月，考虑到于敏的特殊贡献和身体状况，组织特派他的妻子孙玉芹从四川回京照顾他。

孙玉芹这一趟，真的是来救命的。

一天深夜，于敏气喘心急，头痛欲裂，只好唤醒妻子。孙玉芹见状，赶紧扶他起来，给他喂水。不料，于敏一骨碌就躺倒在床上，休克过去。孙玉芹赶紧叫醒邻居来帮忙，把于敏送到医院抢救。后来大家想起来都后怕，如果那晚孙玉芹不在身边，后果真是不堪设想。

此后，考虑到于敏的身体状况，军管组将他的家属全部迁回了北京，只是一家人的户口都留在了四川。

孙玉芹带着一双儿女回到北京时，于敏正在西北出差，过了几天才回来。但他顾不上跟家人过多寒暄，因为还有研制任务，他很快又离开了家，回到了西北高原。

几年来，于敏八上高原，六进戈壁，拖着虚弱的身子为核武器的研制来回奔波，身体透支严重。

一九七三年，于敏在从青海返回北京的火车上开始便血，回到北京后被立即送往医院检查，在急诊室打点滴时，他又一次休克。紧急抢救后，总算没有发生悲剧。

大科学家"修"计算机

一九七六年盛夏,上海华东计算技术研究所,夜夜灯火通明。

从北京来的一批物理、数学和计算机科研人员正在国产计算机"655"上为即将进行的核试验任务埋头计算。北京正在等待着这些重要计算结果,所以上海方面夜以继日地赶任务。

过去从没遇到过的离奇事发生了——一个十分重要的物理量的计算结果不稳定,发生了跳动。这将直接影响方案的可靠性。

要不要处理这个问题?当时是有分歧的。

物理设计的同志说:"这种图像不合理,也与其他计算不一样,肯定是计算出错了。"

搞程序的同志说:"这个程序经过了各种模型计算均正常,输入也没有错误,一定是机器出了毛病。"

而维护机器的同志说:"机器运转正常,其他程序均算出了正确结果,唯独这个程序不对,应在程序上找问题。"

这个问题陷入了死循环……

眼看着上交方案的截止时间日日逼近,怎么办?

在上海负责组织这次任务的刘恭梁,通过电话向身在北京的于敏做了汇报。

"一个方案,是绕过这个程序计算结果,因为我们还有其他大量研究和计算结果,可以根据那些结果进行综合判断,论证方案的可靠性;另一个方案,是不放过这一隐患,查个水落石出,不过现在不知从何入手。"

"隐患不能放过啊,我随后就来上海和你们一起想办法。"于敏没有迟疑,果断地选择了后一个方案。

这样做,要承担延迟提交方案的后果,但从科学上说，确实只有这一种选择。绝不能带着问题去试验，更不能有任何侥幸心理，这是于敏的一贯作风，也是我国搞核试验一贯的传统。

于敏没有耽搁，和中子物理研究室主任杜祥琬一起乘火车赶到了上海。

走在上海的站台，他们的头发湿答答地贴在头皮上，脸上也湿乎乎的，沾满了汗水。不用说，难熬的黄梅天又来了。

从火车站步行到公交车站，两个人的衬衫都湿透了。又潮湿又闷热的天气，让于敏的心脏很不舒服。杜祥琬看出来了，就问他："老于，那边有排椅子，我们去坐会儿？"

于敏从包里拿出水，喝了一口。"不用了，站会儿也一样，公交车应该很快就来了。"

"那好吧，等到了研究所，你先到房间里休息一下，换件衣服。"杜祥琬说。

可他们一到上海华东计算技术研究所，于敏什么都顾不上，马上召集有关同志开会，详细听取情况汇报。

耐心地听完各方面的意见后，于敏不疾不徐地说道:"这在物理上是个不合理的现象。在上交方案前,咱们一定要排除这个疑点,计算出正确结果。"他鼓励大家,齐心协力克服困难。

大家你看看我,我看看你,个个面露难色。但他们很尊重于敏,也没有说什么,只是呆呆地愣在那里。

那些看起来很为难的面孔,似乎在向于敏倾诉:"其实我们已经无计可施了,真的不知道从哪里入手才能排除这个疑点。"

于敏看出了大家的心思,继续鼓励大家:"程序是人编的,咱们只要一步步跟踪查找,一定能查出原因。希望维护机器的同志充分配合啊!"

于敏先从现象分析,确定了可疑范围,再和大家一起制定了查找方案。

黑夜接着白天,于敏和同志们围在计算机房的操作台和打印机前,从程序的原始公式开始,对计算机打印纸带上的每个数据进行检验、核对。

核武器的结构有很多层,各种材料爆炸以后,每一个时间点、空间点上,都有它的温度、速度、压力、加速度等物理量,程序复杂、问题隐蔽。苍天不负苦心人,连续苦战几天后的一个深夜,问题的焦点开始露出端倪!

于敏突然发现,某个量从某个点开始突然不正常了。

大家马上去查原因。

杜祥琬去查方程、参数,没有发现错误。

做计算数学、编程序的人去查,也没发现错误。

最终,维护计算机的同志兴奋地告诉大家:"隐患终于找到了。原来是一块大部分计算程序都不会走过的运算插件板出了毛病。"现在这个程序,由于计算量的特殊性,偏偏必须走过这里,才引发了计算结果不稳定的离奇事。

维护计算机的同志,以最快的速度更换了这块插件板。

哇!计算结果一切正常!

大家的喜悦无法形容,疲劳忘得一干二净,那真是一个酣畅淋漓的夏夜!

更重要的是,试验方案按期上交,这次核试验取得了圆满成功。

经过这件事,大家对于敏更加敬重了。

一方面，于敏高人一筹的地方，是对物理规律理解得非常透彻，他一下就能发现哪个趋势不对，哪个数值错了。他总是那个踢出"临门一脚"的关键人物。

另一方面，于敏不仅有严谨治学的科学精神，更能和大家亲密合作，带领大家一起攻坚克难，他的治学理念和态度深深印在了大家的脑海中。

"万能"的于敏

咚咚咚！于敏家又响起了敲门声。

"欢迎！快进来暖和暖和！"于敏的妻子孙玉芹打开门，热情地招呼一行人进屋。

孙玉芹走到里屋，知会了于敏一声。于敏说："我知道，让他们稍等一下。"坐在于敏对面讨论理论问题的同事，露出依依不舍的表情，他们说："老于，我们再提最后一个问题。"

这时候，传来钥匙在门锁里转动的声音，门开了，进来一个小朋友。大家都认识他，他是于敏的儿子。

"小于辛，你回来啦！"坐在客厅里的一个叔叔热情地招呼他。

孙玉芹听到声音,从厨房出来,她摸着儿子的小耳朵,问道:"冷不冷?"

"妈妈,楼下小朋友都回家了,我就回来了。"于辛一边对妈妈说,一边看着客厅里的客人,家里本来就拥挤,这下连坐的地方都没有了。他往里屋看了一眼,爸爸正在和客人说话。他走到姐姐的屋子,姐姐在桌子上写作业。他没什么作业,就趴在姐姐边上,看姐姐写字。

忽然,从爸爸那屋传来一阵爽朗的笑声。

"那边有好玩的事!"小于辛像收到了信号,一个箭步冲到爸爸屋门前,推门就进去了。

他刚一进去,房间里就突然安静下来。爸爸对着一个叔叔递过来的一张写满密密麻麻的数字和奇怪符号的纸沉思着。

"爸爸,你们说了什么,笑得这么开心?"于辛问爸爸,他很希望爸爸和他玩一会儿,他感到太无聊了。

"小于辛,出去玩吧,爸爸在和叔叔们谈些工作上的事。"

妈妈给他戴上了一顶护耳帽子,于辛只好不情愿地出了门。

于辛在院子里环视一圈,没有小朋友。他不知道玩点什么好,就坐在单元门口的第一级台阶上。

他过一会儿朝楼道里看看,前面那拨叔叔出来了;过一会儿又朝楼道里看看,后面来的几位叔叔还没出来。

百无聊赖的于辛听到楼道里噔噔噔下楼的脚步声,高兴地一跃而起,冲进了楼门,和一位叔叔撞了个满怀。

叔叔们看到小于辛高兴的样子,都以为他是在楼下玩得开心呢。

"妈妈,我总算可以回来了!"小于辛刚回到家没多久,家里就开饭了。

狼吞虎咽地吃完饭,于辛就缠着爸爸讲故事:"爸爸,上次去颐和园,您给我讲过诸葛亮草船借箭的故事,我还想听,您再给我讲一遍吧!"

可是,家里又来人了。这次是搞试验测试的叔叔。他们与于敏,在七十年代进行地面核试验时一起工作过。这次他们遇到了问题:"您曾主张在每次核试验中尽可能多地安排物理测试项目,落实周总理要求的一次试验多方收效。眼下我们在新的竖井核试验方案上，发生了比较大的分歧。一些人坚持要进度快，宁愿少取些数据。"

"我支持你们的意见。"于敏的话，像是给他们吃了一颗定心丸。于敏耐心地给他们详细讲解核武器实现爆炸的若干过程，帮助其理解核装置的工作原理，澄清一些模糊认识，还启发他们更加努力去获取更多的数据。

对于重要的数据，于敏不需要查档案，也不需要翻笔记本，他记得非常清楚，可以随口道来，还可以举例说明某次试验的某个项目的测量结果，尤其是那些数据与理论计算不相符的结果，常常令试验工作者、实际测量者们吃惊，因为于敏竟然记得比他们更清楚。

又一拨人来了，这次不是请教问题，而是和于敏聊天。当然，也不是随便聊天，聊的还是他们的专业。于敏就像是医院里的医生一样，有问题可以随时找他，他帮助解答，有想法可以随时找他，他认真提意见和建议。他思维敏捷，思考深刻，作风民主，从不以权威自居。更可贵的是，他讲问题时特别清晰易懂，善于用简洁的语言阐述复杂的问题。邓稼先的女儿就曾跟她爸爸说："您讲数学题，没有于敏叔叔讲得清楚。""与君一席话，胜读十年书"，是许多人对于敏的评价。

家里客人络绎不绝，因为他是"万能"的于敏。但有一个人不开心，这个人就是小于辛，他也试着去缠爸爸，让爸爸陪他再去公园。

可这么多年过去了，于辛记得爸爸很少和他们出去玩，印象最深的是带他去了几次颐和园。那几个最幸福、最难忘的周末始终珍藏在他的记忆中：八点多钟从家出发，先坐31路公共汽车，再换乘302路，到颐和园站下车。一家人从东门进，走在那条长长的长廊上，欣赏一幅幅古典画。三英战吕布、桃园三结义、岳母刺字……爸爸一直讲到了中午十二点，大家才坐下来吃些干粮。

于辛太喜欢听爸爸讲故事了，那些英雄报国的故事，让小小的他心潮澎湃、激动不已。可惜爸爸工作忙，总是没有太多时间陪伴他。

教儿子画电路图

春去秋来，花开花落，孩子的长大总在不经意间。小于辛每天缠着爸爸的日子，悄然远去。读了中学以后，孩子也要应付七八门功课，而且科科都要考试，也挺忙的。

有一天晚上，于敏发现在一旁做作业的于辛愁眉苦脸。原来儿子在画电路图。他没有说什么。

第二天，第三天，第四天……于辛每个晚上都在修改那些被老师打了叉的电路图。看到儿子每天都闷闷不乐，于敏搬了把椅子，坐在儿子身边，看他画的图纸。

"你这个办法不行，我教你个办法。"于敏教了儿子一个很简单的方法。

122　中华先锋人物故事汇　于敏

"不行，你这个不对，老师不是这么教的。"

于敏笑了，他没有多说，只是建议儿子："你试试。"

于辛开始还不敢用爸爸教的方法，后来他想：试就试吧，反正我总是画错。

于辛说："没想到，用了这个方法之后，别管多复杂的电路图，我就没再错过。很乱的电路图，画成很规整的串联和并联，然后再计算，最后都做对了。那学期考试，我得分也很高，慢慢地，我也爱上学习了。"

于辛对爸爸感慨："老师怎么不教这个方法？要不然我早就画对了。爸爸，你能多教教我吗？"

哪个爸爸不爱自己的孩子？只是于敏真的没有那么多时间。他没有时间系统辅导孩子们的功课，但只要女儿和儿子向他提问，他总能给一个让他们惊喜的方法。

于敏可以把非常复杂的问题讲得简单易懂。他给孩子们讲几何，关键地方教了几次，孩子们就通了。

"爸爸，我会做了。"

听到儿子这么说，于敏温和地回应："好啊，那你给我讲讲。"

这是于敏偏爱的教学方法。

于辛好像心里全明白，但是话到嘴边却说不出来："我会做，但就是不太能讲出来。"

没想到，这样在于敏这儿是过不了关的。

"你还是没有搞明白。你再想一想，然后讲给我听。"……

很快，女儿、儿子相继到了考大学的年龄。

恢复高考的第一年，女儿参加了高考，第三年儿子也参加了高考。

于敏对孩子们说："你们要选择国家需要的专业。咱们国家比较重视重工业，现在轻工业落后，人才也紧缺，希望你们选择电子信息、轻工业这两个方向。"于敏建议女儿读半导体，儿子读轻纺工业。

虽然于敏没有命令孩子们，只是建议，但孩子们都照做了。

孩子们生命中那些重要时刻，于敏从不缺席，他睿智的沟通方式，孩子们也乐于接受。于辛刚工作的时候，于敏和儿子长谈了一次，"踏踏实实、脚踏实地""学习雷锋的钉子精神""把基础理论搞明白，知其然也要知其所以然"，都是他和儿子分享的内容。

于敏的一言一行，无声地教育着孩子们。他从来不讲那些"你必须怎么样、你应该怎么样"的话，他就是很慈祥、很亲切地在和孩子们交流，让他们去感受。他说出来的话，都是那么浅显易懂，却让人印象深刻。

他在指导博士生的学业时，也是这样。有一段时间，一个学生负责编制一个总体程序，为了保证程序正确无误，于敏对学生说，把每一行的计算结果都打印出来吧！

同时，于敏也用了整整两个星期，每天抽半天时间来到办公室，用计算器把一个个物理量计算出来并与学生一一核对。

于辛说："这对我而言，也是一种无声的教育。"

这么多年，爸爸和儿子各忙各的。一直到于敏上了年纪，需要更多照顾时，父子俩才有了更多的交流。

"爸爸,那次您叫停试验,有没有想过,如果您错了怎么交代?"于辛问的是二十世纪八十年代的一次核试验,当时装置已经下到井下四米了。

那时,于敏在北京,想到一个物理因素在这个试验中没考虑,就和国防科工委联系,请求暂停试验。

于敏语重心长地说:"我国还不富裕,一次试验花费很大,如果试验失败,就是巨大的浪费,会打击同志们的士气,也会带来不好的国际影响,就相当于走了一次弯路。"

于辛对父亲由衷敬佩。有了一些阅历的他,更懂得那时父亲所承受的压力,父亲考虑的是国家利益,从未考虑过个人得失。

"苟利国家生死以,岂因祸福避趋之。"当于辛说出这句话时,于敏笑了,他很欣慰,儿子很了解他。这句话也是于敏的座右铭。

聊完天,到了要睡觉的时间,于敏照例拿出安眠药,吃上两片。

从四十岁开始,于敏就要靠吃药睡觉了。到了晚年，他常常一个晚上要吃三次药，才能睡上五六个小时。

于辛很心疼父亲。父亲这一生，为了祖国不受欺辱，殚精竭虑，全力以赴，把全部的自我完完全全地融入了祖国的国防事业。父亲在物理学、数学上确实有天分，但于辛觉得，父亲能做成大事，更重要的是他对祖国和人民的爱，以及持之以恒的勤奋。

给中央的建议书

"君不见,高堂明镜悲白发,朝如青丝暮成雪。"

二十世纪八十年代,于敏进入花甲之年。儿女们也已大学毕业参加了工作,他们每个周末都会回家看望父母。

于敏不再需要把卧室腾出来给孩子们写作业,自己窝在一个小角落里看书了。

于辛每次回家,轻轻推开父亲的房门,看到的总是那熟悉的背影。父亲听到动静,转过身时,眉头仍紧锁着。当看到是孩子们回来了,他的眉头顿时舒展开来。

对国防事业,于敏每时每刻都在思考,可以

说,干着第一代,看着第二代,想着第三代甚至第四代,有时是具体问题,有时则是宏观谋略。

于敏一直关注着世界核武器发展的趋势,从估算结果看,他认为美国核武器的设计水平已接近极限。为了保持已有的核优势,美国很可能会加快核裁军谈判进程,促使全世界签署全面禁止核试验条约。

如果那一天真的来临,而我国该做的热核试验还没做完,该掌握的数据还未得到,我国的核武器事业就会遭受重大损失,必将功亏一篑。于敏想,我们要未雨绸缪,尽快把一些必须要做的热核试验完成,而且短期内就要做完、做成功,以应对随时可能到来的"禁核"条约。

这样的预判是否正确?他反复估算,感觉有一定把握。每当这样的时刻,于敏就会想到他的好领导、好师长、好朋友邓稼先。

于敏和邓稼先互相欣赏,由来已久。于敏在北大读书时,与在北大物理系担任助教的邓稼先相识,两人十分投缘,在未名湖畔彻夜畅谈,意犹未尽。于敏考上研究生后生病住院,没有医药费,为他筹措资金的郑华炽先生，是邓稼先的姐夫。邓稼先和于敏曾一同参与氢弹理论设计工作，邓稼先对于敏的信任与欣赏无人不知，每当某一理论问题出现不同意见时，邓稼先总会说："听听于敏怎么说。"一九八五年于敏加入中国共产党，邓稼先是他的入党介绍人之一。

于敏想立刻找到邓稼先，和他商量。在他心中，邓稼先政治上比他敏感很多，也更了解全面的情况。

可这时，邓稼先已经身患癌症，正在住院治疗。看到老搭档于敏和胡思得都来了，邓稼先打起了精神。"老于、老胡，你们可来了，我一直盼着你们呢！"邓稼先的脸上露出了笑容。

听了于敏的看法后，邓稼先紧紧地握住了他的手，有些着急地说："我也正想给中央写份建议书，建议加快核试验。"

于敏惊讶地发现，邓稼先的想法与自己如出一辙、不谋而合！

既然意识到了，那就要与时间赛跑。很快，由邓稼先、于敏口述，胡思得执笔，邓稼先、于敏两位学部委员（一九九四年改称院士）签名向中央提交了建议书。

事态发展果然如他们所料——一九九六年，《全面禁止核试验条约》在联合国大会通过。

而一九八六年到一九九六年这十年，九院全体同志就是按照邓稼先和于敏的这份建议书制定的目标、途径和措施努力奋斗，终于赶在《全面禁止核试验条约》签署之前做完了全部必须做的热核试验，使我国也达到了能够停止核爆试验，代之以实验室模拟的水平。

一九九六年七月二十九日，我国政府发表声明，郑重宣布：中国暂停核试验！

"这次上书建议的重要性可以与突破原子弹和氢弹技术相提并论。不然，我国的核武器水平会相当低。"胡思得直言。

邓稼先和于敏不仅是科学家，也是战略家。他们的前瞻性眼光，源于他们对祖国赤诚的爱。他们的功勋，永远镌刻在中国核武器发展的历史上。

可惜，这份建议书发出时，癌细胞已在邓稼先体内扩散，留给他的时间不多了。一九八六年六月,中央军委做出决定,公开邓稼先的身份。这时候,大众才第一次知道了邓稼先的名字,知道了他是"两弹元勋",隐姓埋名二十八年,为祖国奉献、牺牲的一生!

两年后的一九八八年,于敏的身份也得以公开。

为中国铸造核盾牌

我国以最快速度爆炸原子弹、氢弹后,又以相当快的速度成功研制了大幅度小型化、高比威力的核武器,掌握了中子弹技术,取得了一次又一次重大突破,除了有社会主义集中力量办大事这一优势,探索和发展了一条符合中国国情的、科学的和行之有效的技术路线,也与一个优秀的群体有关,他们有强烈的爱国情怀,有坚持真理、团结协作、埋头苦干、无私奉献的精神境界。

于敏是他们中的佼佼者,他在我国氢弹突破中起了关键作用,在制定我国核武器发展规划、确定技术途径和通过物理分解解决关键科学技术问题中发挥了重要作用,对我国第一、第二代核武器的研制和中子弹的突破做出了重大贡献。

一九九八年五月四日,在人民大会堂举行的北京大学建校一百周年大会上,于敏作为北大一百年来培养出来的十九万名毕业生之一,代表校友发言。那天,他一定想到了在北大求学时的历历往事,那是他一生中永远怀念的峥嵘岁月。

一九九九年九月十八日,还是在人民大会堂,在"两弹一星功勋奖章"颁奖大会上,于敏代表二十三位获奖者发言,他也一定想到了和他一起战斗过的同事,想到了他们共同经历的艰难困苦。十几天后,适逢新中国成立五十周年,他作了一首诗《抒怀》:

忆昔峥嵘岁月稠,朋辈同心方案求,
亲历新旧两时代,愿将一生献宏谋;
身为一叶无轻重,众志成城镇贼酋,
喜看中华振兴日,百家争鸣竞风流。

很多人称呼于敏为"中国氢弹之父"。对于这样的称呼,他并不接受,他常常对身边工作的同志说:"核武器是成千上万人的事业,一个人的力量是有限的。你少不了我,我缺不了你,必须精诚团结,密切合作。这是从事核武器研制的科学工作者所必须具备的品质。"

追问之下,他只说过这样一句话:"在氢弹的理论设计中,我是学术领导人之一。"

曾和于敏共事数十载的杜祥琬深情地说:"尽管于敏不愿称呼自己为'氢弹之父',但在氢弹研制过程中,他的确是起了关键作用。"

彭桓武说,像于敏、周光召这样的青年科学家,要不是服从国家需要从事国防事业,他们有问鼎诺贝尔物理学奖的潜力。

他们共同为中国铸造核盾牌。

二〇一五年一月,于敏荣获二〇一四年度国家最高科学技术奖。二月二十七日,获评中央电视台"感动中国2014年度人物",颁奖词是:离乱中寻觅一张安静的书桌,未曾向洋已经砺就了锋锷。受命之日,寝不安席,当年吴钩,申城淬火,十月出塞,大器初成。一句嘱托,许下了一生;一声巨响,惊诧了世界;一个名字,荡涤了人心。

二〇一八年十二月十八日，于敏荣获党中央、国务院授予的"改革先锋"称号，并获评"国防科技事业改革发展的重要推动者"。

二〇一九年一月十六日，于敏在北京逝世，享年九十三岁。

他的儿子于辛说："父亲一直在工作，去世前半年才领了退休证，在家里真正休息了半年时间。"

于敏生前唯一的博士生蓝可说，她在于老去世前两个小时，给他最后一次汇报了自己的工作。即便在生命的最后时刻，当他听到我国核事业最新的进展时，眼睛里依然闪烁着亮光。

于敏自己是在国内成长起来的科学家，但是，他一直鼓励和支持青年人出国深造。蓝可博士毕业后，于敏鼓励她说："你应该出国去工作两年，以便开阔眼界，看看人家是怎么工作的。"他回忆日本人曾经称他为"国产土专家一号"，他说："这个'土'字并不好，有局限性，对搞科学的人，'土'是个缺点。科学研究需要进行广泛的学术交流，需要各种思想的碰撞，需要对外开放。"他说，如果他年轻时能有机会出国进修或者留学，可能更好，对国家的贡献可能会更大。

二〇一九年九月十七日，国家主席习近平签署主席令，授予四十二人国家勋章、国家荣誉称号。于敏是"共和国勋章"获得者之一。共和国勋章是中华人民共和国的最高荣誉之一，授予在中国特色社会主义建设和保卫国家中做出巨大贡献、建立卓越功勋的杰出人士。而于敏是本次受表彰者中唯一一位已离世者。

"中华民族不欺侮旁人，也决不受旁人欺侮，核武器是一种保障手段。"于敏如是说。

今天的和平盛世，不能忘记于敏，不能忘记于敏他们。